MW01154786

100 Math Drills For 1st Grade Timed Test

Addition and Subtraction Problem worksheets for daily practice – Reproducible with Answer Key 2020 Edition

Math Workbooks Grade 1 Addition and Subtraction for 2020

Volume 1

OLIVIA DAVIS

Copyright © 2019
All rights reserved, including the right to reproduce this workbook in any form.
Individual sheets may be photocopied for instructional use by parents and educators
for their own children or students.

DATE__________ START______ FINISH______ SCORE____

8 + 2   10 - 7   2 + 9   5 + 8   8 + 8   10 - 2   4 - 3   3 + 1   8 - 3

8 + 3   5 + 4   5 - 4   17 - 9   4 - 2   11 - 9   14 - 6   11 - 5   4 + 5

9 + 5   16 - 7   16 - 9   7 + 3   9 - 7   8 + 7   9 + 8   7 + 8   12 - 6

4 + 3   8 + 6   15 - 9   18 - 9   2 + 6   11 - 4   8 + 5   4 + 1   15 - 8

9 - 3   2 + 2   4 + 4   13 - 6   9 + 6   1 + 7   6 + 8   5 - 3   7 - 3

5 - 2   4 + 2   11 - 8   2 + 4   13 - 5   8 - 4   3 + 6   5 + 1   16 - 8

3 + 3   9 - 6   8 - 7   2 + 8   3 + 5   4 + 6   12 - 8   9 + 2   13 - 4

13 - 7   1 + 3   3 + 7   13 - 8   14 - 9   7 + 5   6 + 2   2 + 3   12 - 5

8 - 6   1 + 2   5 + 2   10 - 6   6 - 5   6 + 9   6 - 2   14 - 5   3 + 8

DATE__________ START______ FINISH______ SCORE____

2 + 2	8 - 7	10 - 2	4 + 8	11 - 2	9 - 4	5 - 4	3 + 3	14 - 8
5 + 2	5 - 2	6 - 2	9 - 2	12 - 5	14 - 7	3 - 2	5 + 3	8 + 6
17 - 9	4 - 3	7 - 5	8 - 6	8 - 4	3 + 7	11 - 4	6 - 5	11 - 3
17 - 8	14 - 6	8 - 2	9 + 2	2 + 3	8 + 8	18 - 9	7 + 6	6 - 4
9 + 4	2 + 4	10 - 3	3 + 6	3 + 1	5 + 4	7 + 1	12 - 7	1 + 9
2 + 8	13 - 4	9 + 5	7 + 4	13 - 6	7 + 5	1 + 6	3 + 5	4 - 2
16 - 7	6 - 3	8 + 9	6 + 4	3 + 8	15 - 8	7 + 8	4 + 9	1 + 8
1 + 7	9 + 8	12 - 6	2 + 5	6 + 5	7 + 7	7 - 2	9 - 7	6 + 8
4 + 6	9 - 5	13 - 7	7 + 3	11 - 5	8 + 2	13 - 8	4 + 2	5 + 1

DATE__________ START______ FINISH______ SCORE____

7 + 8	4 - 2	10 - 7	8 + 4	18 - 9	7 - 5	6 + 9	5 + 2	17 - 8
4 + 3	7 + 4	13 - 8	6 + 5	12 - 8	3 - 2	13 - 7	3 + 5	15 - 9
5 + 7	2 + 3	11 - 7	12 - 5	15 - 8	10 - 8	9 - 4	8 - 2	5 + 5
1 + 3	4 + 9	6 + 7	5 + 4	3 + 6	7 + 5	10 - 5	17 - 9	4 + 4
7 + 7	10 - 2	5 + 8	6 - 5	11 - 3	6 - 3	11 - 5	4 + 2	9 + 9
9 - 1	7 + 6	8 + 2	8 + 5	14 - 7	8 - 7	6 + 8	8 + 3	9 - 6
6 + 2	8 - 5	12 - 7	2 + 7	2 + 1	11 - 6	16 - 7	5 + 6	12 - 4
8 + 6	6 + 6	5 + 3	6 - 4	9 - 0	11 - 8	2 + 4	9 - 7	9 + 6
2 + 6	8 + 9	1 + 8	14 - 8	5 + 9	7 - 4	13 - 6	7 + 2	10 - 6

DATE__________ START_______ FINISH_______ SCORE____

7 − 4	14 − 8	5 + 4	8 + 1	7 + 8	9 + 2	9 + 4	4 + 7	4 + 1
8 − 3	16 − 7	9 − 8	3 + 9	6 + 4	14 − 7	6 + 6	6 + 7	3 − 2
13 − 9	16 − 8	17 − 8	16 − 9	13 − 8	17 − 9	7 + 4	15 − 9	4 + 9
8 + 6	2 + 8	6 − 4	6 + 2	4 − 2	1 + 2	7 + 2	18 − 9	4 + 5
11 − 9	2 + 7	10 − 3	7 − 5	5 − 2	11 − 7	3 + 8	12 − 5	8 + 5
5 + 6	6 + 5	5 + 1	6 − 3	6 + 1	2 + 4	6 − 5	3 + 5	2 + 3
12 − 3	8 + 4	4 + 2	7 + 6	14 − 6	15 − 7	5 + 3	9 − 5	5 + 5
7 − 3	13 − 4	3 + 6	7 + 7	13 − 5	12 − 8	5 − 3	6 + 3	7 + 9
15 − 8	3 + 3	14 − 5	15 − 6	10 − 6	13 − 7	8 + 8	7 − 2	3 + 4

DATE__________ START______ FINISH______ SCORE____

12 - 7	8 + 4	8 + 3	7 - 5	13 - 7	4 + 5	8 + 2	1 + 8	3 - 2
3 + 5	7 - 4	12 - 5	9 - 3	11 - 4	8 + 8	7 + 6	8 + 6	6 - 4
17 - 9	3 + 3	12 - 8	17 - 8	8 - 6	18 - 9	14 - 7	13 - 8	1 + 3
16 - 8	15 - 8	6 - 5	10 - 4	4 + 2	6 + 8	8 + 5	9 + 2	15 - 6
7 + 4	5 - 2	6 + 2	5 - 3	2 + 9	4 - 2	5 + 6	4 + 4	3 + 8
6 - 3	3 + 6	11 - 3	9 - 2	4 + 7	1 + 7	6 + 4	15 - 9	9 - 6
6 + 5	3 + 7	9 - 8	9 + 4	9 + 8	5 + 5	11 - 5	2 + 4	4 - 3
7 - 3	7 + 5	4 + 3	2 + 6	16 - 9	15 - 7	14 - 8	7 + 3	4 + 8
5 + 4	8 - 4	9 + 5	12 - 4	13 - 5	8 + 7	1 + 5	2 + 8	14 - 6

DATE__________ START______ FINISH______ SCORE____

12 - 9	16 - 9	4 + 5	8 + 1	4 + 8	3 + 2	10 - 4	8 + 8	9 + 6
12 - 4	4 + 6	15 - 7	7 - 5	6 + 4	4 - 3	13 - 7	15 - 6	6 + 6
8 - 5	1 + 4	5 + 5	8 + 2	2 + 2	2 + 3	14 - 8	3 + 7	7 - 6
1 + 8	6 + 8	13 - 6	5 + 8	4 + 4	1 + 3	1 + 5	5 + 4	6 - 4
11 - 4	3 - 2	9 - 6	3 + 4	8 - 4	6 + 9	5 - 4	6 - 2	15 - 9
6 + 7	3 + 6	10 - 1	11 - 9	6 + 3	11 - 8	8 - 6	10 - 5	11 - 7
7 + 5	7 - 2	7 + 7	9 - 8	2 + 5	12 - 6	13 - 5	5 - 3	15 - 8
2 + 8	16 - 7	2 + 6	2 + 7	9 + 4	6 + 5	7 + 2	8 + 3	14 - 7
9 - 5	8 - 7	7 + 9	9 + 2	4 - 2	4 + 3	11 - 5	3 + 5	12 - 7

DATE__________ START_______ FINISH_______ SCORE_____

14 - 9	9 - 2	7 - 5	6 + 4	4 + 4	9 - 4	14 - 5	1 + 8	12 - 9
15 - 7	8 + 7	8 + 5	13 - 7	3 - 2	7 + 2	6 - 3	5 - 3	7 - 4
9 + 4	3 + 5	16 - 8	5 - 2	8 + 4	3 + 6	7 - 3	6 + 2	10 - 3
13 - 4	5 + 8	8 + 8	4 + 2	2 + 3	12 - 6	7 + 9	8 + 2	16 - 9
7 + 1	5 + 6	8 - 6	1 + 7	9 - 7	15 - 8	2 + 1	9 - 8	3 + 4
3 + 7	2 + 7	5 - 4	3 + 8	14 - 6	5 + 5	9 - 5	5 + 2	11 - 7
6 + 6	11 - 4	8 - 4	7 + 7	17 - 9	6 + 3	16 - 7	12 - 7	8 + 3
3 + 1	13 - 6	10 - 7	7 - 6	9 + 5	6 + 5	1 + 4	9 + 1	6 - 5
2 + 2	1 + 9	7 + 3	1 + 5	10 - 8	2 + 5	8 - 7	4 - 3	9 - 6

DATE__________ START______ FINISH______ SCORE____

13 - 5	6 + 4	2 + 4	5 + 8	5 + 4	6 + 5	9 - 1	8 + 9	7 + 7
3 - 2	3 + 6	3 + 3	6 + 8	8 + 6	9 - 8	17 - 8	2 + 5	2 + 8
3 + 4	4 + 3	5 - 3	13 - 7	7 + 4	2 + 6	16 - 7	1 + 2	14 - 8
5 + 7	11 - 8	8 + 8	12 - 8	18 - 9	10 - 3	4 - 2	4 + 5	14 - 6
5 - 4	6 + 3	17 - 9	7 - 5	4 - 3	6 + 9	3 + 7	9 - 5	11 - 3
6 + 2	9 - 2	9 + 4	7 + 2	7 - 3	16 - 8	14 - 7	5 + 1	5 + 3
12 - 5	4 + 4	6 - 2	1 + 7	7 - 4	1 + 1	9 + 1	9 - 7	11 - 5
8 + 4	5 + 2	1 + 6	10 - 5	6 - 5	10 - 4	2 + 2	7 + 9	9 - 3
9 + 2	14 - 9	9 - 6	4 + 9	10 - 8	8 - 7	12 - 9	3 + 1	10 - 7

DATE__________ START______ FINISH______ SCORE____

9 + 8	4 + 6	7 + 7	5 - 4	2 + 2	5 + 3	4 - 3	8 - 7	16 - 7
2 + 1	3 + 9	3 - 2	3 + 6	5 - 3	5 + 6	10 - 7	9 + 4	9 + 3
3 + 3	6 + 1	6 + 8	9 - 6	15 - 8	1 + 7	9 + 6	5 + 8	6 - 4
10 - 6	9 - 5	3 + 7	6 - 2	4 + 5	17 - 8	15 - 7	13 - 6	13 - 9
9 - 1	2 + 6	9 - 4	7 - 6	11 - 5	8 + 8	4 + 3	9 + 2	3 + 4
1 + 6	5 + 4	13 - 5	7 - 4	18 - 9	8 + 5	4 - 2	13 - 8	6 + 3
2 + 7	2 + 8	6 - 5	6 + 7	8 + 2	13 - 7	17 - 9	5 + 2	5 + 7
5 + 5	7 - 5	10 - 4	11 - 7	6 + 2	7 - 3	9 + 7	10 - 3	15 - 9
12 - 6	14 - 7	14 - 6	3 + 5	1 + 5	6 + 4	7 + 4	16 - 8	13 - 4

DATE__________ START______ FINISH______ SCORE____

9 + 5	2 + 5	4 + 6	16 - 9	7 + 2	14 - 8	14 - 5	13 - 8	4 + 7
3 - 2	5 + 2	6 + 9	16 - 8	11 - 8	2 + 6	2 + 2	3 + 7	4 + 1
7 - 6	9 + 3	4 + 2	18 - 9	3 + 5	10 - 2	7 - 4	9 - 5	2 + 8
10 - 7	4 + 5	11 - 6	7 + 6	1 + 4	5 + 3	4 - 2	12 - 4	3 + 4
5 + 5	12 - 3	11 - 3	5 + 7	5 + 4	6 - 3	14 - 6	17 - 9	7 - 5
5 + 1	7 + 4	7 + 3	6 + 5	6 + 1	7 - 3	15 - 9	3 + 8	6 + 3
16 - 7	6 + 7	6 + 2	10 - 4	12 - 6	10 - 8	15 - 7	3 + 2	1 + 7
8 + 7	5 - 4	7 + 1	4 + 8	9 - 1	3 + 3	4 - 3	13 - 9	12 - 9
8 + 6	12 - 5	7 - 2	12 - 7	5 - 3	13 - 6	6 + 6	1 + 5	10 - 1

DATE__________ START_______ FINISH_______ SCORE_____

10 - 2	8 - 6	6 + 2	13 - 8	3 + 5	16 - 9	6 + 7	2 + 1	7 + 8
7 + 3	9 - 0	14 - 6	3 + 2	14 - 9	13 - 5	7 - 4	8 - 5	5 - 3
8 + 6	7 - 6	18 - 9	8 - 7	9 - 5	2 + 4	6 - 4	11 - 5	12 - 6
8 - 4	16 - 8	4 + 7	15 - 8	8 + 3	11 - 9	1 + 3	14 - 7	8 + 2
17 - 9	11 - 3	12 - 4	8 + 4	5 - 4	3 + 6	10 - 6	1 + 9	5 + 2
11 - 6	6 + 3	10 - 5	8 - 3	5 + 5	3 + 4	5 + 9	7 + 2	7 + 5
1 + 1	4 + 6	2 + 9	4 + 4	8 + 7	4 - 2	2 + 6	9 + 9	7 - 5
8 + 9	7 + 1	5 + 7	3 + 3	16 - 7	9 + 1	6 + 5	9 - 2	3 + 9
13 - 6	9 - 8	9 - 1	8 + 5	1 + 4	5 + 6	4 + 1	3 - 2	15 - 6

DATE__________ START______ FINISH______ SCORE____

5 + 7	2 + 5	8 - 4	9 - 2	10 - 3	5 + 1	6 + 1	6 + 4	8 + 8
8 + 2	1 + 7	13 - 6	18 - 9	3 + 1	7 + 5	6 + 8	6 + 9	15 - 7
7 + 4	14 - 5	14 - 8	5 + 6	8 - 6	4 + 7	9 + 7	7 - 3	16 - 8
1 + 4	4 + 1	10 - 2	13 - 5	16 - 7	3 + 2	4 - 2	5 + 5	11 - 4
9 - 4	12 - 4	3 + 3	4 - 3	3 - 2	8 + 4	10 - 8	4 + 9	6 - 3
14 - 7	2 + 2	13 - 7	10 - 7	11 - 6	8 + 5	8 - 7	9 + 8	1 + 3
5 + 9	11 - 3	9 + 2	9 + 1	2 + 3	6 - 2	10 - 6	9 - 8	7 + 8
11 - 7	7 + 7	11 - 8	4 + 5	12 - 6	2 + 9	7 + 1	4 + 4	12 - 9
6 + 6	17 - 9	8 + 3	16 - 9	6 - 4	5 - 4	2 + 8	8 + 1	7 - 6

DATE__________ START______ FINISH______ SCORE____

2 + 4 | 8 + 5 | 5 + 2 | 4 + 5 | 4 + 3 | 7 - 2 | 6 - 4 | 17 - 8 | 10 - 4

10 - 5 | 14 - 8 | 12 - 7 | 16 - 7 | 1 + 6 | 11 - 8 | 13 - 5 | 3 + 7 | 5 + 7

2 + 7 | 13 - 4 | 4 + 8 | 7 - 5 | 18 - 9 | 9 + 9 | 6 + 2 | 7 + 7 | 8 + 9

8 + 3 | 15 - 9 | 11 - 4 | 8 + 4 | 3 + 9 | 12 - 9 | 7 + 5 | 16 - 8 | 15 - 8

14 - 7 | 11 - 7 | 2 + 3 | 3 + 8 | 9 - 8 | 6 + 3 | 12 - 5 | 6 - 2 | 7 + 3

4 + 9 | 8 - 5 | 11 - 3 | 4 + 7 | 12 - 8 | 6 + 4 | 16 - 9 | 11 - 5 | 7 + 8

5 + 5 | 9 + 6 | 6 + 9 | 9 + 1 | 6 + 7 | 4 - 3 | 10 - 6 | 6 + 1 | 14 - 9

17 - 9 | 7 - 6 | 6 + 8 | 9 - 3 | 1 + 5 | 2 + 6 | 12 - 3 | 5 + 3 | 6 - 3

7 - 3 | 3 + 2 | 3 + 4 | 12 - 4 | 10 - 7 | 2 + 5 | 4 + 4 | 6 + 5 | 10 - 1

DATE_________ START______ FINISH______ SCORE____

8	6	8	2	8	16	5	5	5
+ 5	+ 7	- 6	+ 1	+ 7	- 9	+ 4	+ 6	+ 2
8	5	7	12	14	7	8	5	2
+ 9	+ 5	+ 3	- 7	- 8	+ 7	+ 8	- 4	+ 4
6	6	9	8	7	17	3	4	11
+ 3	+ 8	- 1	- 5	- 4	- 9	+ 4	+ 7	- 9
11	11	17	8	10	10	8	6	4
- 3	- 4	- 8	+ 3	- 5	- 7	+ 2	+ 6	- 2
6	6	1	14	18	5	3	9	9
+ 4	- 2	+ 4	- 6	- 9	+ 3	+ 6	+ 3	+ 5
10	14	7	3	9	2	3	6	10
- 1	- 9	- 3	- 2	- 6	+ 8	+ 5	- 4	- 3
15	13	9	8	13	4	16	7	16
- 7	- 5	+ 6	- 4	- 7	+ 4	- 8	+ 2	- 7
1	4	4	14	3	10	8	4	7
+ 5	+ 3	- 3	- 7	+ 2	- 2	+ 1	+ 8	- 6
5	9	7	13	2	9	11	5	13
+ 9	+ 4	+ 6	- 6	+ 6	- 7	- 5	+ 8	- 9

DATE__________ START_______ FINISH_______ SCORE_____

17 − 9	15 − 9	13 − 8	12 − 5	4 + 9	16 − 8	4 + 3	2 + 2	10 − 8
14 − 8	5 − 2	3 + 7	1 + 7	2 + 9	3 − 2	12 − 7	10 − 3	6 + 7
10 − 5	12 − 8	8 − 7	10 − 2	9 − 1	9 + 2	2 + 7	8 − 6	13 − 7
6 + 3	8 + 3	14 − 7	6 + 8	7 + 6	6 + 6	3 + 4	3 + 3	5 + 8
11 − 3	5 − 4	3 + 2	1 + 1	1 + 4	8 + 8	9 − 3	7 − 3	4 − 3
8 − 3	4 + 2	6 + 9	15 − 7	9 − 4	4 + 7	8 − 5	9 − 0	5 + 3
4 + 6	14 − 6	13 − 5	2 + 4	6 + 4	3 + 5	8 + 7	9 − 2	16 − 9
5 + 4	5 + 6	12 − 3	1 + 6	8 + 1	6 − 5	8 + 4	7 + 2	4 + 4
9 + 6	3 + 1	1 + 5	5 + 7	7 − 4	6 − 3	7 − 6	9 − 6	10 − 4

DATE__________ START______ FINISH______ SCORE____

11 - 7	1 + 4	16 - 8	9 - 7	6 - 4	4 + 8	13 - 8	14 - 8	8 + 3
1 + 8	12 - 5	13 - 7	18 - 9	7 - 6	4 - 2	6 + 8	8 + 5	4 + 2
8 - 7	3 + 3	6 + 7	17 - 8	9 + 5	3 + 5	2 + 4	15 - 8	3 + 9
14 - 9	9 - 4	10 - 4	6 + 3	7 + 3	4 - 3	2 + 8	7 - 5	1 + 7
7 + 5	7 + 8	2 + 1	10 - 9	2 + 5	6 - 3	16 - 9	12 - 7	17 - 9
15 - 9	6 + 5	3 + 1	9 + 7	4 + 4	3 - 2	2 + 6	4 + 5	1 + 6
6 + 4	8 - 3	7 + 7	10 - 3	7 + 4	13 - 6	8 - 6	2 + 7	9 - 5
3 + 6	5 + 8	5 + 6	16 - 7	2 + 9	5 + 4	5 + 5	5 + 3	8 + 2
6 - 5	7 + 2	11 - 9	7 - 4	9 - 0	14 - 6	15 - 7	10 - 1	15 - 6

DATE__________ START_______ FINISH_______ SCORE_____

3 + 5	7 + 3	5 + 1	8 + 7	4 + 5	7 + 9	14 - 8	4 + 6	17 - 9
9 + 8	17 - 8	3 + 3	2 + 8	2 + 1	18 - 9	12 - 8	8 - 2	13 - 4
4 - 3	10 - 6	8 + 6	4 - 2	13 - 6	7 + 1	3 + 9	6 + 6	7 - 3
14 - 6	5 + 3	13 - 7	10 - 7	1 + 3	15 - 7	9 + 4	2 + 9	8 + 8
10 - 8	12 - 9	13 - 5	16 - 8	11 - 8	5 - 4	9 - 3	8 - 4	9 - 5
11 - 5	9 + 3	11 - 3	6 + 4	5 + 8	6 + 8	3 + 1	4 + 9	2 + 6
5 + 9	7 - 4	11 - 4	3 + 8	5 + 4	8 - 3	10 - 9	16 - 7	8 + 2
6 - 4	5 - 2	5 + 2	5 + 6	9 - 1	9 + 1	13 - 8	1 + 5	8 + 5
4 + 7	5 + 5	16 - 9	9 + 2	8 - 7	15 - 8	2 + 3	7 + 5	12 - 6

DATE__________ START______ FINISH______ SCORE____

4 + 2	3 - 2	16 - 8	17 - 8	6 + 8	13 - 6	9 - 6	6 + 7	5 - 4
8 + 9	5 + 6	3 + 5	1 + 3	8 - 6	8 - 4	13 - 5	3 + 2	2 + 7
7 + 2	13 - 7	10 - 3	6 - 3	8 + 5	10 - 4	6 - 2	4 + 5	5 + 3
9 + 3	2 + 3	6 + 6	17 - 9	7 + 1	8 + 8	14 - 5	4 - 3	15 - 7
14 - 7	8 + 6	5 + 7	7 + 5	2 + 2	9 - 7	16 - 9	7 + 7	7 - 4
2 + 8	10 - 7	9 - 4	18 - 9	14 - 8	8 - 7	15 - 8	3 + 4	10 - 5
7 + 6	8 + 3	14 - 6	4 + 7	8 + 4	3 + 3	4 - 2	10 - 1	16 - 7
15 - 9	11 - 8	5 + 2	8 - 3	7 + 9	7 + 8	12 - 6	5 + 9	3 + 7
5 + 5	7 - 6	3 + 1	2 + 6	3 + 9	6 - 5	8 + 2	4 + 6	11 - 4

DATE__________ START_______ FINISH_______ SCORE_____

1 + 9	9 - 4	16 - 9	9 + 9	7 + 8	4 - 2	1 + 7	5 + 3	3 + 5
17 - 8	3 + 3	12 - 9	4 + 3	15 - 6	10 - 8	5 - 3	9 + 6	5 - 4
6 + 5	14 - 8	8 + 9	15 - 8	12 - 4	7 - 3	4 + 2	12 - 8	8 + 7
7 + 6	7 + 9	2 + 6	9 + 2	14 - 7	13 - 5	3 + 9	5 + 4	10 - 7
7 + 7	7 - 5	6 + 2	2 + 1	5 + 6	7 - 6	10 - 6	8 - 2	6 - 3
9 + 3	4 + 4	9 - 7	10 - 3	16 - 8	5 + 7	7 - 2	7 + 3	3 + 8
4 + 7	9 - 1	9 - 6	6 - 5	9 + 7	11 - 6	14 - 9	14 - 6	6 + 7
7 + 5	8 + 2	6 + 9	6 + 6	7 + 2	9 - 5	1 + 3	15 - 9	9 - 2
12 - 7	1 + 6	9 - 3	8 + 5	18 - 9	8 + 1	9 - 8	9 + 5	13 - 8

DATE__________ START______ FINISH______ SCORE____

8	8	4	10	3	8	4	12	6
+ 2	- 6	+ 4	- 6	- 2	+ 7	- 3	- 8	- 3
4	13	13	7	3	5	7	10	12
+ 6	- 5	- 8	+ 7	+ 5	+ 8	- 3	- 4	- 3
8	5	6	14	5	7	16	2	3
+ 4	+ 3	+ 7	- 8	+ 5	+ 8	- 8	+ 1	+ 6
5	8	3	7	9	6	4	15	9
+ 1	+ 9	+ 8	- 2	- 3	- 5	+ 8	- 8	+ 4
2	6	8	8	10	4	3	6	6
+ 8	- 4	+ 8	- 7	- 5	+ 7	+ 2	+ 8	+ 9
5	18	8	9	15	1	2	9	11
+ 2	- 9	+ 1	+ 5	- 6	+ 9	+ 6	+ 6	- 8
17	7	17	4	11	9	14	16	11
- 8	+ 2	- 9	+ 9	- 6	+ 3	- 9	- 9	- 7
10	4	5	11	3	9	9	10	6
- 3	- 2	+ 9	- 9	+ 4	+ 8	- 6	- 2	+ 1
8	9	12	10	15	5	13	13	9
+ 5	+ 7	- 6	- 1	- 9	- 3	- 7	- 6	+ 2

DATE__________ START_______ FINISH_______ SCORE_____

14 - 5	14 - 8	2 + 7	17 - 8	5 - 2	3 + 5	4 + 8	6 + 1	7 + 2
4 + 4	7 - 6	4 - 2	7 + 4	3 + 6	11 - 4	6 - 4	5 + 8	6 + 7
14 - 7	10 - 6	8 + 9	7 + 5	5 - 4	13 - 5	5 + 9	9 + 6	2 + 5
5 - 3	3 - 2	7 + 7	9 - 6	12 - 3	6 + 2	18 - 9	3 + 4	6 + 6
15 - 8	3 + 8	13 - 6	14 - 9	2 + 8	4 + 1	12 - 5	12 - 4	8 - 2
5 + 3	1 + 7	8 - 4	8 + 7	10 - 3	3 + 7	8 - 6	2 + 3	9 + 8
6 - 3	7 - 3	8 + 5	8 + 8	6 + 3	8 + 2	7 + 9	12 - 8	4 + 7
14 - 6	13 - 9	11 - 7	10 - 8	8 - 3	11 - 9	7 + 8	9 + 3	15 - 7
6 + 8	8 - 7	4 + 3	6 - 2	6 - 5	4 + 6	1 + 9	1 + 4	11 - 3

DATE__________ START______ FINISH______ SCORE____

2 + 3	4 - 3	7 + 8	6 + 7	5 - 4	7 + 6	5 + 5	4 + 4	18 - 9
2 + 6	1 + 7	5 + 8	13 - 6	6 - 3	12 - 8	8 + 5	7 + 1	3 + 7
13 - 7	14 - 7	5 + 6	15 - 8	1 + 2	6 + 4	11 - 4	3 - 2	2 + 5
3 + 4	8 - 6	2 + 4	3 + 6	14 - 5	7 - 5	15 - 7	10 - 6	4 + 2
5 + 2	7 + 7	6 + 6	6 + 8	16 - 7	12 - 7	8 - 7	5 - 3	10 - 2
10 - 7	6 + 3	15 - 6	15 - 9	4 + 7	6 + 2	14 - 6	4 + 5	5 + 7
17 - 8	10 - 5	11 - 9	2 + 8	8 + 4	11 - 8	9 + 5	9 - 3	13 - 9
11 - 5	9 - 7	12 - 3	8 + 6	7 - 4	7 + 3	9 - 6	5 + 4	12 - 4
5 + 9	7 + 2	8 - 3	9 + 7	14 - 8	2 + 2	17 - 9	3 + 8	9 + 4

DATE__________ START_______ FINISH_______ SCORE_____

<table>
<tr><td>8
+ 6</td><td>4
- 2</td><td>15
- 7</td><td>5
+ 5</td><td>12
- 5</td><td>9
- 8</td><td>9
+ 1</td><td>7
+ 7</td><td>9
+ 7</td></tr>
<tr><td>11
- 6</td><td>1
+ 6</td><td>7
+ 5</td><td>9
- 6</td><td>6
- 4</td><td>5
- 3</td><td>9
- 7</td><td>6
+ 2</td><td>17
- 9</td></tr>
<tr><td>3
+ 7</td><td>8
+ 8</td><td>3
+ 9</td><td>8
+ 7</td><td>2
+ 7</td><td>1
+ 5</td><td>16
- 8</td><td>3
- 2</td><td>2
+ 4</td></tr>
<tr><td>8
+ 2</td><td>5
+ 3</td><td>3
+ 3</td><td>11
- 4</td><td>11
- 5</td><td>6
- 5</td><td>8
+ 5</td><td>5
+ 7</td><td>6
+ 9</td></tr>
<tr><td>7
+ 6</td><td>10
- 7</td><td>14
- 9</td><td>4
+ 3</td><td>4
- 3</td><td>9
+ 3</td><td>13
- 4</td><td>6
+ 6</td><td>8
- 7</td></tr>
<tr><td>7
+ 1</td><td>8
- 6</td><td>18
- 9</td><td>6
+ 5</td><td>7
- 4</td><td>13
- 6</td><td>3
+ 4</td><td>3
+ 6</td><td>8
+ 4</td></tr>
<tr><td>7
- 5</td><td>6
- 3</td><td>7
- 3</td><td>2
+ 8</td><td>4
+ 2</td><td>8
- 3</td><td>2
+ 6</td><td>6
+ 4</td><td>2
+ 5</td></tr>
<tr><td>14
- 7</td><td>8
+ 1</td><td>3
+ 2</td><td>7
- 6</td><td>1
+ 2</td><td>5
- 2</td><td>16
- 7</td><td>4
+ 7</td><td>3
+ 1</td></tr>
<tr><td>14
- 8</td><td>1
+ 4</td><td>10
- 2</td><td>10
- 5</td><td>14
- 6</td><td>11
- 2</td><td>5
- 4</td><td>7
- 2</td><td>6
- 2</td></tr>
</table>

DATE__________ START_______ FINISH_______ SCORE____

15	6	15	2	3	4	8	5	9
- 7	+ 1	- 8	+ 8	- 2	- 3	- 6	+ 6	+ 1
14	8	8	3	5	7	3	8	14
- 6	+ 9	- 5	+ 2	- 4	+ 2	+ 3	+ 8	- 5
5	3	6	11	8	4	1	6	4
+ 7	+ 8	- 2	- 8	+ 1	+ 6	+ 8	+ 6	+ 2
4	9	7	6	8	7	12	8	7
+ 4	- 1	+ 4	+ 5	+ 6	- 6	- 4	- 7	+ 8
9	10	7	13	9	17	4	6	17
+ 5	- 8	- 5	- 7	+ 9	- 9	+ 7	- 5	- 8
7	8	13	14	8	10	6	2	2
+ 6	+ 2	- 4	- 8	+ 5	- 7	- 3	+ 4	+ 7
6	14	18	16	6	4	4	2	5
+ 4	- 7	- 9	- 9	+ 2	+ 5	+ 3	+ 5	+ 8
1	6	6	16	1	10	14	3	9
+ 9	+ 8	- 4	- 7	+ 4	- 3	- 9	+ 5	- 4
7	15	16	11	11	13	12	12	3
+ 7	- 9	- 8	- 5	- 9	- 6	- 8	- 7	+ 6

DATE__________ START______ FINISH______ SCORE____

$4 - 2$	$4 + 9$	$16 - 8$	$17 - 8$	$1 + 8$	$5 - 2$	$3 - 2$	$5 + 4$	$5 + 1$
$15 - 8$	$10 - 7$	$3 + 8$	$15 - 7$	$5 + 3$	$9 + 5$	$11 - 2$	$3 + 6$	$4 + 3$
$7 - 6$	$2 + 3$	$3 + 2$	$6 + 8$	$13 - 5$	$10 - 5$	$12 - 4$	$15 - 6$	$8 + 8$
$2 + 5$	$7 - 3$	$17 - 9$	$18 - 9$	$4 + 2$	$8 - 7$	$8 - 3$	$8 + 7$	$4 - 3$
$16 - 7$	$6 + 4$	$3 + 7$	$8 + 2$	$5 - 4$	$5 + 8$	$7 + 5$	$2 + 2$	$8 + 4$
$1 + 1$	$6 - 4$	$8 - 6$	$7 + 3$	$3 + 4$	$9 - 6$	$9 - 0$	$12 - 6$	$6 + 3$
$10 - 2$	$5 + 6$	$7 - 5$	$8 - 5$	$12 - 8$	$11 - 7$	$8 + 6$	$8 + 5$	$6 - 5$
$1 + 4$	$14 - 6$	$6 - 3$	$5 + 7$	$2 + 8$	$2 + 7$	$9 + 7$	$3 + 9$	$14 - 7$
$13 - 8$	$13 - 4$	$3 + 3$	$1 + 7$	$5 + 5$	$12 - 7$	$9 + 2$	$9 - 2$	$6 + 2$

DATE__________ START_______ FINISH_______ SCORE_____

5 - 3	17 - 8	16 - 8	7 + 2	4 + 6	6 + 9	5 + 2	2 + 5	14 - 7
8 + 9	2 + 2	4 + 1	14 - 6	5 + 3	9 - 5	15 - 6	5 + 8	6 - 2
1 + 8	4 + 7	3 + 2	8 + 6	10 - 2	9 + 5	3 + 8	12 - 5	1 + 6
5 + 1	6 + 3	14 - 5	13 - 6	9 - 2	9 + 4	5 + 5	3 - 2	3 + 9
10 - 6	8 + 3	9 - 8	8 - 6	6 + 4	16 - 9	11 - 4	5 - 4	10 - 7
5 + 7	18 - 9	6 + 7	15 - 7	1 + 7	9 + 8	7 + 6	4 + 3	10 - 4
17 - 9	12 - 7	8 + 1	15 - 9	9 - 1	9 - 6	5 + 6	8 - 3	9 - 4
10 - 3	3 + 4	11 - 5	3 + 6	8 - 7	4 + 8	9 - 3	12 - 8	7 + 3
10 - 5	3 + 3	8 + 8	5 + 4	4 - 3	12 - 6	10 - 9	7 + 1	2 + 3

DATE__________ START_______ FINISH_______ SCORE____

$3 - 2$ $9 + 8$ $7 - 4$ $2 + 5$ $4 + 7$ $4 + 8$ $3 + 5$ $6 + 7$ $7 + 8$

$5 + 3$ $8 + 1$ $6 + 5$ $2 + 6$ $16 - 7$ $3 + 2$ $11 - 7$ $8 + 6$ $6 + 3$

$3 + 9$ $8 + 5$ $13 - 6$ $2 + 8$ $12 - 6$ $4 + 1$ $10 - 8$ $4 - 3$ $13 - 7$

$5 - 3$ $2 + 1$ $13 - 8$ $15 - 7$ $10 - 1$ $7 + 2$ $14 - 5$ $16 - 8$ $8 + 3$

$14 - 7$ $17 - 8$ $4 + 6$ $7 - 6$ $8 - 2$ $7 - 5$ $5 + 2$ $14 - 9$ $5 + 4$

$11 - 3$ $7 + 4$ $3 + 3$ $8 + 7$ $10 - 4$ $3 + 6$ $11 - 9$ $15 - 8$ $15 - 6$

$7 - 3$ $7 + 5$ $5 + 5$ $3 + 7$ $7 + 9$ $7 + 1$ $4 - 2$ $9 - 6$ $2 + 4$

$10 - 2$ $8 + 8$ $9 + 7$ $7 + 7$ $17 - 9$ $16 - 9$ $4 + 3$ $6 - 4$ $8 - 3$

$9 + 9$ $1 + 3$ $6 + 8$ $10 - 7$ $10 - 5$ $6 - 3$ $8 - 6$ $9 - 3$ $9 - 5$

DATE_________ START______ FINISH______ SCORE____

4 + 5	4 + 2	2 + 8	8 - 6	11 - 3	17 - 8	6 - 5	12 - 6	13 - 5
7 - 4	18 - 9	3 + 4	12 - 5	8 + 2	14 - 7	9 + 8	14 - 8	13 - 7
4 + 3	15 - 8	10 - 1	3 + 3	16 - 8	7 + 4	4 + 8	2 + 4	17 - 9
6 + 8	3 - 2	4 - 3	15 - 7	5 + 3	6 + 6	8 - 5	4 - 2	14 - 6
3 + 6	2 + 1	6 + 3	5 + 6	10 - 4	5 + 7	8 + 7	10 - 7	1 + 6
9 + 2	6 + 9	3 + 5	1 + 7	7 + 6	8 + 4	13 - 8	8 + 9	7 + 2
3 + 1	10 - 3	10 - 5	6 + 1	5 - 4	8 + 8	3 + 8	14 - 9	8 + 1
10 - 6	9 - 6	8 - 4	7 + 5	12 - 7	13 - 4	7 + 8	9 - 0	11 - 4
4 + 6	2 + 5	2 + 7	4 + 1	9 - 1	8 - 3	1 + 2	8 - 7	7 - 6

DATE__________ START______ FINISH______ SCORE____

5 + 2	1 + 8	8 + 8	1 + 7	5 + 1	6 + 1	14 - 8	8 + 4	9 - 3
14 - 7	12 - 3	5 + 5	16 - 7	8 + 7	6 - 3	2 + 5	4 - 3	9 - 8
17 - 9	2 + 7	3 + 2	3 - 2	3 + 8	1 + 5	9 + 9	14 - 6	7 + 7
6 + 3	8 - 7	9 + 8	13 - 7	10 - 3	12 - 7	8 - 5	11 - 2	8 + 5
4 + 2	12 - 4	9 + 6	15 - 8	5 + 4	6 + 8	10 - 4	3 + 6	13 - 9
17 - 8	5 + 9	11 - 6	9 + 3	10 - 6	7 - 3	6 + 7	16 - 8	7 + 2
3 + 7	11 - 5	10 - 5	8 - 3	2 + 8	4 + 9	7 - 5	7 - 6	15 - 7
7 + 6	18 - 9	5 + 6	2 + 6	14 - 5	10 - 1	15 - 9	12 - 8	4 - 2
4 + 6	8 + 9	13 - 8	6 + 4	5 + 7	7 + 8	1 + 2	7 - 4	5 + 3

DATE__________ START_______ FINISH_______ SCORE_____

17 - 8	1 + 7	16 - 8	18 - 9	9 - 5	7 - 3	3 + 2	17 - 9	3 + 8
4 - 3	6 - 5	5 + 2	2 + 3	15 - 7	6 - 4	8 + 6	14 - 8	11 - 3
4 + 1	1 + 6	14 - 7	10 - 5	3 + 6	8 + 3	5 + 6	8 + 9	4 + 6
7 + 8	9 + 2	4 + 5	13 - 8	10 - 1	7 - 6	5 - 2	4 + 8	7 + 7
9 + 8	5 + 8	2 + 2	7 - 5	6 - 2	13 - 7	9 + 7	2 + 7	12 - 4
9 - 4	8 + 1	8 + 7	15 - 6	7 + 5	3 - 2	6 - 3	16 - 9	1 + 5
7 + 3	11 - 5	12 - 5	7 + 6	4 - 2	3 + 4	12 - 8	8 + 2	2 + 4
5 + 1	1 + 9	3 + 5	9 - 2	14 - 5	9 + 5	13 - 4	9 - 8	5 + 4
5 + 7	6 + 6	15 - 8	10 - 7	11 - 7	5 + 5	8 - 5	5 + 3	8 - 7

DATE__________ START______ FINISH______ SCORE____

11 - 7	5 + 1	9 + 5	6 - 5	3 + 4	14 - 6	4 - 2	3 + 7	16 - 9
9 + 6	8 + 6	4 + 7	13 - 6	7 + 5	17 - 9	1 + 3	16 - 8	2 + 5
8 - 7	7 - 5	3 + 3	15 - 9	2 + 7	15 - 7	8 - 4	4 - 3	7 - 3
5 + 6	12 - 4	3 + 5	3 + 8	8 + 7	4 + 4	6 + 3	9 - 7	11 - 6
6 + 5	10 - 6	1 + 2	15 - 6	12 - 7	10 - 9	1 + 6	17 - 8	1 + 5
18 - 9	4 + 2	1 + 8	14 - 7	8 - 3	6 + 1	7 - 6	7 + 7	15 - 8
4 + 5	6 + 6	9 - 3	3 + 2	16 - 7	5 + 5	13 - 7	7 + 8	5 + 4
12 - 3	4 + 8	6 - 2	5 + 8	8 + 3	3 + 6	7 + 6	5 + 9	9 - 6
14 - 8	5 - 3	11 - 5	8 - 2	2 + 3	3 + 1	5 + 7	10 - 7	6 - 3

DATE__________ START_______ FINISH_______ SCORE_____

8 + 7	3 - 2	5 + 9	14 - 6	9 - 1	2 + 2	7 - 3	15 - 8	1 + 2
10 - 8	2 + 3	7 - 6	8 - 5	18 - 9	8 + 4	7 + 2	9 + 8	8 + 6
5 + 5	7 + 7	3 + 6	16 - 8	4 + 2	5 + 4	7 + 8	4 + 5	17 - 9
14 - 7	7 - 4	3 + 5	8 + 8	11 - 7	8 - 6	5 + 6	11 - 2	9 + 9
6 + 6	6 - 5	1 + 6	17 - 8	6 - 4	13 - 9	1 + 1	1 + 3	3 + 4
9 - 4	4 - 2	6 + 7	5 + 8	16 - 7	4 - 3	8 + 3	8 + 5	15 - 7
10 - 2	9 + 2	1 + 8	9 - 6	8 - 4	5 + 3	8 + 2	5 - 3	8 - 7
8 - 3	10 - 6	12 - 3	13 - 5	6 - 3	2 + 6	5 + 2	12 - 5	2 + 8
4 + 6	9 - 5	2 + 5	1 + 9	5 - 4	1 + 7	14 - 8	12 - 8	6 + 8

DATE__________ START_______ FINISH_______ SCORE_____

14 - 8	5 + 4	6 + 8	7 + 3	9 - 5	7 + 9	4 + 8	2 + 6	8 + 6
5 + 7	17 - 9	15 - 6	3 + 8	6 - 5	6 + 6	5 + 2	10 - 4	12 - 5
6 + 2	4 - 3	16 - 8	4 + 3	6 + 9	5 - 2	18 - 9	12 - 7	13 - 6
1 + 6	4 + 2	2 + 4	5 + 1	15 - 8	13 - 5	17 - 8	8 - 4	5 + 5
3 - 2	13 - 4	12 - 8	3 + 7	8 - 7	7 - 6	11 - 5	16 - 7	8 + 1
15 - 7	8 + 2	9 + 3	9 - 1	7 + 4	10 - 1	7 + 6	6 - 3	14 - 7
6 + 7	9 + 6	12 - 4	16 - 9	3 + 1	7 - 3	14 - 9	3 + 6	5 - 3
3 + 3	4 + 5	7 + 8	4 + 6	15 - 9	11 - 7	3 + 4	7 + 5	7 - 4
2 + 2	3 + 2	5 + 3	9 - 3	7 - 2	6 - 4	4 + 7	5 + 9	8 + 5

DATE__________ START______ FINISH______ SCORE____

8 + 5	7 + 6	12 - 3	8 + 6	1 + 9	11 - 4	7 - 4	18 - 9	9 - 0
2 + 2	11 - 3	6 - 4	8 + 9	5 + 4	10 - 5	2 + 5	5 + 8	14 - 8
8 + 8	14 - 7	3 + 8	7 + 5	10 - 3	1 + 6	4 + 9	4 + 6	7 - 5
8 + 4	8 + 7	6 + 2	7 + 8	13 - 6	17 - 9	6 + 8	15 - 8	15 - 6
7 - 6	7 + 7	5 + 2	14 - 6	6 + 6	2 + 8	5 + 5	6 + 7	3 + 5
7 - 3	2 + 7	7 + 4	13 - 7	12 - 6	2 + 1	7 + 3	6 - 5	10 - 6
17 - 8	14 - 5	12 - 8	15 - 9	2 + 3	8 + 3	6 - 2	8 - 3	6 - 3
9 + 8	11 - 8	5 + 9	16 - 7	3 - 2	6 + 3	5 - 2	3 + 3	8 - 6
5 - 3	12 - 9	12 - 7	11 - 5	3 + 2	5 + 3	15 - 7	4 + 3	2 + 4

DATE__________ START_______ FINISH_______ SCORE_____

13 - 6	11 - 4	3 + 6	13 - 5	13 - 7	7 - 3	12 - 8	12 - 7	10 - 3
8 + 6	13 - 8	1 + 5	2 + 5	6 + 8	10 - 7	2 + 8	9 - 8	16 - 7
15 - 8	16 - 8	5 + 6	4 + 2	5 - 4	7 + 6	1 + 3	2 + 2	8 + 8
6 + 2	7 - 6	11 - 3	10 - 9	8 + 7	3 + 3	17 - 9	5 + 2	9 - 4
8 + 4	17 - 8	1 + 9	4 + 1	18 - 9	1 + 1	5 - 3	7 + 3	3 + 9
6 - 4	10 - 8	11 - 2	2 + 4	10 - 5	9 - 6	14 - 9	4 - 3	9 + 8
11 - 8	10 - 2	5 + 8	8 + 3	8 + 9	3 - 2	6 + 5	3 + 4	12 - 4
4 + 3	7 + 1	3 + 2	4 + 5	3 + 8	3 + 5	6 - 3	9 - 2	6 + 1
5 + 5	8 - 4	7 + 4	6 + 4	15 - 7	14 - 5	2 + 6	11 - 6	2 + 1

DATE__________ START_______ FINISH_______ SCORE_____

7	4	11	6	12	16	3	15	8
+ 9	+ 9	- 9	+ 2	- 4	- 9	+ 7	- 7	- 2
5	8	9	9	5	7	7	10	3
- 3	+ 8	- 4	- 8	+ 3	+ 7	- 3	- 2	+ 4
4	16	2	13	7	10	9	12	3
+ 5	- 8	+ 7	- 8	+ 2	- 7	+ 3	- 9	+ 8
13	5	5	11	11	8	3	9	2
- 5	+ 9	+ 6	- 6	- 8	+ 4	+ 3	- 6	+ 2
6	7	9	12	4	14	2	11	13
+ 3	- 4	+ 6	- 8	+ 6	- 8	+ 3	- 4	- 7
5	6	10	6	17	9	2	6	4
+ 4	+ 5	- 4	+ 6	- 9	+ 2	+ 8	- 4	+ 8
9	4	12	7	8	13	4	7	12
- 2	+ 4	- 5	+ 8	- 5	- 9	- 3	- 2	- 7
6	9	3	2	6	8	11	13	4
+ 9	- 1	- 2	+ 4	- 3	+ 6	- 5	- 6	+ 2
9	7	3	17	1	3	5	8	16
+ 4	+ 5	+ 2	- 8	+ 3	+ 5	+ 7	+ 1	- 7

DATE__________ START______ FINISH______ SCORE____

3 + 5	14 - 8	14 - 7	3 + 6	5 + 8	11 - 9	4 + 5	8 + 5	9 + 8
6 + 8	3 + 2	3 + 9	6 + 1	15 - 6	6 + 2	15 - 7	14 - 6	10 - 3
2 + 3	1 + 5	6 + 9	7 - 4	16 - 8	7 + 7	4 - 2	5 + 5	5 - 4
7 + 2	14 - 5	10 - 2	11 - 3	12 - 4	7 + 6	13 - 6	9 - 6	8 - 5
18 - 9	6 - 3	9 + 6	2 + 9	8 - 7	9 - 5	2 + 2	12 - 9	3 - 2
3 + 3	2 + 4	11 - 7	9 - 1	13 - 8	10 - 4	8 + 8	4 + 6	8 + 2
2 + 6	1 + 8	17 - 8	4 + 2	2 + 7	6 + 6	9 - 3	14 - 9	3 + 8
6 - 4	4 + 4	8 + 6	3 + 1	9 - 2	4 - 3	13 - 7	12 - 7	2 + 8
11 - 4	10 - 5	5 + 4	7 - 2	7 + 3	5 + 3	7 + 5	13 - 4	5 + 9

DATE_________ START______ FINISH______ SCORE____

6	8	5	2	7	17	11	3	15
+ 3	- 3	+ 3	+ 4	+ 7	- 9	- 3	+ 3	- 7
7	17	5	7	3	6	4	3	8
- 6	- 8	+ 6	+ 3	- 2	- 5	- 3	+ 6	+ 5
8	5	5	4	16	8	15	9	4
- 7	+ 7	- 2	+ 6	- 7	+ 9	- 8	+ 3	+ 4
3	3	15	5	1	10	13	3	3
+ 7	+ 5	- 9	+ 4	+ 7	- 7	- 8	+ 4	+ 8
4	11	2	7	11	14	7	10	1
+ 7	- 8	+ 5	+ 5	- 5	- 9	+ 6	- 8	+ 2
7	6	7	8	4	5	13	11	14
+ 8	+ 7	+ 9	+ 2	+ 8	- 4	- 5	- 7	- 5
6	7	1	10	13	8	6	16	5
- 3	- 3	+ 3	- 4	- 7	- 4	+ 2	- 9	+ 8
5	15	13	2	4	10	12	10	18
+ 5	- 6	- 6	+ 3	+ 3	- 9	- 4	- 3	- 9
9	9	8	5	13	4	4	10	14
+ 8	- 6	+ 6	+ 2	- 4	+ 1	+ 2	- 5	- 6

DATE__________ START_______ FINISH_______ SCORE_____

5 + 2	3 + 4	12 - 5	4 + 2	3 + 7	17 - 8	8 - 4	11 - 7	5 - 3
5 - 4	12 - 4	8 + 8	14 - 6	6 + 2	3 + 8	10 - 1	8 + 4	7 + 6
7 + 2	7 - 3	9 - 2	2 + 6	16 - 7	12 - 7	5 - 2	5 + 8	9 + 6
9 + 7	6 - 4	13 - 5	1 + 6	4 - 2	7 - 5	15 - 6	7 + 4	6 - 5
3 + 2	4 - 3	3 - 2	8 - 5	1 + 7	16 - 8	2 + 3	2 + 7	11 - 3
15 - 9	5 + 4	4 + 7	13 - 6	3 + 5	6 + 3	8 + 5	6 + 7	6 - 2
11 - 9	4 + 9	9 + 8	6 - 3	14 - 8	14 - 9	7 - 4	10 - 7	9 - 4
8 + 9	8 + 7	2 + 8	8 + 6	13 - 8	4 + 3	6 + 6	4 + 8	5 + 5
4 + 1	4 + 4	2 + 1	2 + 5	9 - 6	5 + 7	16 - 9	18 - 9	14 - 5

DATE__________ START______ FINISH______ SCORE____

9 + 4	2 + 1	4 + 5	11 - 5	2 + 4	6 + 6	8 + 9	4 + 6	2 + 3
14 - 9	8 + 5	5 + 4	2 + 7	3 - 2	3 + 7	9 + 7	4 - 3	1 + 2
10 - 6	7 - 6	4 - 2	5 + 7	7 + 8	13 - 8	5 - 4	6 - 3	4 + 8
8 - 4	2 + 6	18 - 9	2 + 5	7 + 3	6 - 4	11 - 8	1 + 7	13 - 4
6 - 5	7 + 5	5 + 3	14 - 5	7 - 2	12 - 3	5 + 6	14 - 6	4 + 4
16 - 8	10 - 8	3 + 3	6 - 2	9 + 6	12 - 9	5 + 9	14 - 8	7 + 2
11 - 6	9 - 7	15 - 6	16 - 7	7 + 6	6 + 4	4 + 7	9 + 8	17 - 8
10 - 2	3 + 4	5 + 5	7 - 5	9 - 3	9 - 1	16 - 9	8 - 5	10 - 1
2 + 8	6 + 8	9 + 3	11 - 9	15 - 8	5 + 2	6 + 2	3 + 2	13 - 9

DATE__________ START______ FINISH______ SCORE____

13 - 6	2 + 4	7 + 4	3 - 2	16 - 8	4 + 6	7 - 4	4 - 2	17 - 9
7 - 5	6 + 4	5 + 4	2 + 8	2 + 3	6 + 3	3 + 7	11 - 9	8 + 8
6 + 7	4 - 3	11 - 3	8 + 4	10 - 8	2 + 7	1 + 1	8 + 1	2 + 9
4 + 9	9 - 3	5 + 6	13 - 5	10 - 5	4 + 5	3 + 5	2 + 5	18 - 9
12 - 3	3 + 3	17 - 8	8 - 7	10 - 3	7 - 6	15 - 9	6 - 5	11 - 8
6 + 6	1 + 2	11 - 7	7 + 3	5 + 1	5 + 7	10 - 7	4 + 2	5 - 2
8 + 6	7 + 6	4 + 4	8 - 5	9 - 5	8 + 7	14 - 6	14 - 7	12 - 4
3 + 4	5 + 8	1 + 9	3 + 2	1 + 4	9 - 0	2 + 1	15 - 6	14 - 5
11 - 4	7 - 2	7 + 1	10 - 6	5 + 2	15 - 8	15 - 7	10 - 1	3 + 6

DATE__________ START______ FINISH______ SCORE____

2 + 5	5 - 3	9 - 4	8 + 4	8 + 7	4 + 6	7 + 7	6 - 5	6 - 3
3 + 6	16 - 9	8 - 4	3 + 1	3 + 8	1 + 7	11 - 5	13 - 8	6 + 2
17 - 8	8 - 3	1 + 9	2 + 2	18 - 9	3 + 3	4 + 5	12 - 9	6 + 1
6 + 8	8 + 8	5 + 6	8 + 6	15 - 7	15 - 8	16 - 8	6 - 4	13 - 9
9 - 2	3 + 4	11 - 3	9 - 5	8 - 7	5 + 5	4 + 7	2 + 9	8 + 5
5 + 3	7 + 2	11 - 2	12 - 5	5 + 9	9 - 3	10 - 6	3 - 2	5 + 2
7 - 6	7 - 4	8 - 6	11 - 6	9 - 7	2 + 3	9 + 4	10 - 1	14 - 8
2 + 8	9 + 6	1 + 4	15 - 6	5 + 4	4 + 3	2 + 7	11 - 7	8 - 2
5 - 2	6 + 3	1 + 3	7 + 4	9 - 0	9 + 9	6 + 6	16 - 7	12 - 3

DATE__________ START_______ FINISH_______ SCORE_____

17 - 9	2 + 2	9 - 6	2 + 4	8 + 5	2 + 7	10 - 9	6 - 2	3 + 3
2 + 3	2 + 8	14 - 5	18 - 9	17 - 8	8 - 3	1 + 8	9 + 3	14 - 7
7 - 2	7 + 3	4 - 3	16 - 8	5 + 6	4 + 8	6 + 4	8 + 2	14 - 9
5 + 4	13 - 5	11 - 4	6 - 3	5 + 2	12 - 8	6 + 6	2 + 6	11 - 6
8 + 4	12 - 5	6 - 5	6 + 7	11 - 2	10 - 6	1 + 6	13 - 6	4 + 1
7 + 8	9 - 4	4 + 5	14 - 8	6 + 2	9 - 5	16 - 9	4 + 2	8 + 7
9 + 2	7 - 5	7 + 7	7 + 2	8 + 6	11 - 7	5 + 7	4 + 3	13 - 9
14 - 6	3 + 4	10 - 2	7 + 6	8 + 1	5 + 1	6 - 4	8 - 4	10 - 8
6 + 8	13 - 8	12 - 6	11 - 8	3 + 6	4 + 6	11 - 5	9 + 7	11 - 9

DATE__________ START_______ FINISH_______ SCORE_____

<table>
<tr><td>5
- 2</td><td>4
+ 1</td><td>7
+ 4</td><td>5
+ 8</td><td>2
+ 5</td><td>13
- 7</td><td>15
- 7</td><td>3
+ 7</td><td>18
- 9</td></tr>
<tr><td>7
- 2</td><td>16
- 9</td><td>8
+ 1</td><td>2
+ 6</td><td>7
- 3</td><td>14
- 7</td><td>11
- 9</td><td>4
+ 4</td><td>3
- 2</td></tr>
<tr><td>3
+ 6</td><td>2
+ 2</td><td>8
+ 7</td><td>9
- 2</td><td>7
+ 3</td><td>3
+ 1</td><td>7
+ 7</td><td>6
+ 8</td><td>9
- 1</td></tr>
<tr><td>5
+ 2</td><td>7
+ 9</td><td>2
+ 3</td><td>4
+ 6</td><td>9
+ 5</td><td>15
- 8</td><td>5
+ 6</td><td>9
+ 3</td><td>1
+ 2</td></tr>
<tr><td>9
- 8</td><td>12
- 5</td><td>4
- 2</td><td>9
+ 4</td><td>12
- 8</td><td>2
+ 8</td><td>9
+ 7</td><td>3
+ 5</td><td>8
+ 4</td></tr>
<tr><td>9
- 3</td><td>3
+ 2</td><td>3
+ 8</td><td>5
- 4</td><td>12
- 7</td><td>7
+ 2</td><td>7
+ 6</td><td>1
+ 5</td><td>6
+ 5</td></tr>
<tr><td>10
- 8</td><td>9
+ 2</td><td>2
+ 9</td><td>7
- 6</td><td>5
+ 4</td><td>6
- 3</td><td>16
- 7</td><td>16
- 8</td><td>15
- 9</td></tr>
<tr><td>4
+ 7</td><td>11
- 6</td><td>14
- 6</td><td>17
- 8</td><td>12
- 9</td><td>5
+ 7</td><td>6
- 5</td><td>7
- 5</td><td>4
- 3</td></tr>
<tr><td>8
- 2</td><td>7
+ 5</td><td>17
- 9</td><td>8
- 7</td><td>6
+ 3</td><td>11
- 4</td><td>10
- 3</td><td>6
- 4</td><td>7
- 4</td></tr>
</table>

DATE__________ START______ FINISH______ SCORE____

<table>
<tr><td>8
+ 7</td><td>9
+ 8</td><td>3
+ 5</td><td>11
- 3</td><td>9
+ 4</td><td>12
- 4</td><td>7
+ 5</td><td>4
+ 7</td><td>1
+ 6</td></tr>
<tr><td>4
- 3</td><td>15
- 6</td><td>11
- 9</td><td>1
+ 8</td><td>12
- 5</td><td>8
- 7</td><td>5
+ 2</td><td>3
+ 7</td><td>10
- 2</td></tr>
<tr><td>7
+ 2</td><td>13
- 6</td><td>8
+ 6</td><td>6
- 3</td><td>10
- 6</td><td>16
- 9</td><td>5
+ 4</td><td>15
- 9</td><td>4
+ 9</td></tr>
<tr><td>2
+ 2</td><td>14
- 9</td><td>4
- 2</td><td>16
- 8</td><td>12
- 6</td><td>6
- 2</td><td>15
- 7</td><td>6
+ 3</td><td>8
+ 2</td></tr>
<tr><td>11
- 6</td><td>1
+ 2</td><td>8
- 2</td><td>3
+ 4</td><td>4
+ 4</td><td>4
+ 2</td><td>7
+ 3</td><td>9
- 3</td><td>11
- 8</td></tr>
<tr><td>5
+ 5</td><td>8
- 6</td><td>7
- 3</td><td>3
+ 3</td><td>6
+ 4</td><td>7
+ 4</td><td>2
+ 4</td><td>6
+ 8</td><td>3
+ 2</td></tr>
<tr><td>3
+ 6</td><td>15
- 8</td><td>1
+ 3</td><td>11
- 5</td><td>3
+ 8</td><td>5
- 2</td><td>13
- 5</td><td>13
- 4</td><td>17
- 8</td></tr>
<tr><td>11
- 4</td><td>2
+ 6</td><td>5
+ 6</td><td>9
- 2</td><td>4
+ 6</td><td>7
+ 1</td><td>12
- 7</td><td>12
- 3</td><td>2
+ 3</td></tr>
<tr><td>7
+ 6</td><td>9
- 4</td><td>5
+ 8</td><td>16
- 7</td><td>3
- 2</td><td>18
- 9</td><td>8
- 3</td><td>4
+ 8</td><td>2
+ 8</td></tr>
</table>

DATE__________ START_______ FINISH_______ SCORE_____

12 - 8	16 - 9	13 - 8	4 - 2	4 + 5	1 + 3	7 + 2	6 - 4	5 + 4
3 + 3	4 - 3	5 - 3	17 - 9	3 + 5	2 + 6	8 + 5	9 - 2	12 - 4
2 + 4	7 + 3	14 - 6	13 - 6	8 + 7	5 + 5	2 + 3	11 - 9	4 + 8
9 - 8	1 + 4	7 + 8	11 - 6	18 - 9	14 - 7	6 - 5	3 + 2	4 + 6
9 - 4	8 + 6	3 + 6	1 + 7	10 - 4	5 + 1	5 - 4	4 + 2	17 - 8
12 - 3	6 + 3	15 - 9	7 - 6	11 - 3	14 - 8	6 - 3	3 + 4	4 + 4
11 - 5	5 + 8	4 + 1	15 - 7	9 + 2	3 - 2	4 + 3	6 + 8	10 - 1
4 + 9	14 - 9	16 - 8	6 + 5	5 + 9	1 + 2	4 + 7	16 - 7	7 + 6
7 + 4	7 + 7	10 - 5	15 - 6	13 - 5	8 + 3	9 + 8	13 - 7	12 - 6

DATE__________ START_______ FINISH_______ SCORE____

8 - 6	11 - 5	15 - 7	14 - 8	6 + 3	4 + 8	6 + 1	3 - 2	4 + 7
6 + 8	5 + 8	4 - 3	2 + 3	2 + 8	8 + 2	15 - 9	7 + 4	11 - 4
6 - 4	6 + 5	8 + 4	11 - 6	7 - 4	6 + 6	5 + 3	12 - 3	12 - 5
2 + 1	13 - 7	14 - 6	7 + 3	9 + 1	8 + 6	10 - 8	3 + 1	13 - 4
8 + 3	8 - 5	3 + 3	5 + 4	8 - 3	6 + 9	18 - 9	6 + 4	6 + 2
4 + 3	17 - 8	3 + 2	5 + 2	11 - 7	14 - 9	5 + 6	3 + 5	2 + 5
8 - 4	17 - 9	13 - 5	9 - 7	14 - 5	7 + 6	1 + 3	5 + 7	8 - 2
6 - 3	4 + 2	7 + 8	7 + 2	7 + 7	5 + 5	2 + 4	14 - 7	12 - 7
4 - 2	7 - 6	10 - 1	9 - 2	8 - 7	16 - 7	15 - 8	1 + 7	5 - 2

DATE__________ START______ FINISH______ SCORE____

2 + 6	16 - 8	8 + 7	5 - 4	7 + 2	9 - 1	13 - 5	2 + 2	2 + 3
2 + 5	7 - 3	8 - 4	17 - 9	7 - 5	12 - 4	6 + 2	3 + 8	3 + 3
14 - 7	9 + 7	17 - 8	5 + 4	5 - 3	8 + 9	9 - 3	14 - 6	9 + 3
7 - 4	8 + 3	3 - 2	5 + 3	18 - 9	11 - 6	4 - 3	4 + 8	6 + 4
2 + 1	15 - 7	8 + 4	2 + 8	2 + 7	15 - 9	3 + 4	4 + 3	11 - 7
4 + 6	6 + 7	3 + 2	6 + 9	6 - 3	10 - 8	3 + 9	13 - 7	1 + 4
16 - 7	10 - 3	5 + 5	13 - 4	11 - 8	9 + 8	5 + 7	7 - 2	9 + 5
7 + 3	8 + 6	6 - 5	10 - 4	7 + 4	13 - 6	10 - 7	6 + 3	4 + 5
11 - 2	13 - 8	12 - 5	7 - 6	5 - 2	4 - 2	4 + 7	3 + 6	5 + 8

DATE__________ START______ FINISH______ SCORE____

1 + 1	8 + 3	7 - 3	3 + 8	5 + 8	6 + 4	3 + 4	5 + 2	16 - 8
5 - 2	13 - 9	5 - 3	1 + 5	10 - 8	5 + 7	14 - 9	9 - 2	7 + 6
7 - 4	3 + 9	8 + 4	10 - 7	9 - 6	10 - 1	2 + 7	8 + 9	10 - 4
7 + 2	15 - 8	3 + 2	12 - 5	17 - 9	6 + 6	11 - 4	18 - 9	1 + 3
2 + 3	5 + 3	8 - 5	5 + 4	9 + 4	12 - 8	14 - 6	2 + 9	15 - 6
9 - 1	7 + 8	4 + 7	6 + 7	8 + 8	7 + 5	6 - 2	13 - 4	5 + 1
4 + 4	6 + 8	13 - 5	5 - 4	16 - 7	6 - 5	4 + 2	3 - 2	3 + 3
7 + 3	4 + 8	4 - 3	17 - 8	6 - 4	2 + 2	16 - 9	13 - 7	12 - 4
15 - 9	8 - 3	1 + 6	7 - 2	4 - 2	9 + 2	6 + 3	3 + 1	5 + 6

DATE__________ START_______ FINISH_______ SCORE_____

9 - 6	5 + 7	3 + 3	3 + 8	6 - 5	2 + 6	4 + 8	10 - 7	18 - 9
6 - 3	6 - 4	16 - 7	8 + 2	5 - 4	11 - 8	1 + 4	8 + 1	2 + 8
4 + 7	13 - 6	9 - 8	3 - 2	3 + 7	7 + 8	12 - 8	5 + 2	7 + 7
16 - 9	9 + 4	5 - 3	12 - 5	12 - 4	13 - 7	2 + 2	8 + 9	15 - 8
17 - 9	8 + 3	1 + 2	4 + 9	7 - 3	14 - 8	14 - 7	7 + 2	8 + 7
5 + 5	1 + 6	17 - 8	9 - 2	6 + 2	9 - 3	8 + 4	4 + 4	13 - 5
14 - 6	6 - 2	7 - 4	13 - 8	11 - 6	6 + 6	9 + 5	4 - 3	8 - 4
5 + 6	6 + 1	3 + 4	4 - 2	2 + 5	11 - 7	6 + 5	9 - 5	4 + 2
8 + 6	7 + 5	6 + 8	10 - 2	7 + 4	8 - 7	13 - 9	5 + 4	5 + 3

DATE__________ START_______ FINISH_______ SCORE_____

16 - 7	5 - 3	10 - 2	15 - 8	17 - 9	3 - 2	9 - 2	11 - 8	8 + 6
4 - 2	5 + 6	7 + 5	8 + 5	9 + 8	8 + 4	10 - 3	1 + 3	7 + 6
8 + 1	14 - 6	9 - 6	8 + 2	6 + 9	3 + 6	6 - 4	8 - 3	6 + 6
1 + 4	16 - 9	3 + 7	6 + 8	13 - 7	7 + 7	2 + 6	13 - 4	5 + 3
16 - 8	9 - 1	12 - 6	4 + 8	4 + 7	11 - 3	14 - 5	5 + 8	7 + 4
7 - 4	8 + 3	8 + 9	8 - 7	2 + 4	3 + 4	11 - 5	4 - 3	5 - 2
4 + 2	7 - 5	5 + 7	3 + 5	11 - 9	9 + 4	13 - 6	9 + 7	9 - 4
6 + 7	7 - 6	14 - 7	5 - 4	1 + 1	6 - 5	15 - 7	6 + 3	2 + 7
4 + 5	4 + 4	9 + 3	5 + 2	4 + 9	14 - 9	11 - 4	12 - 8	8 - 4

DATE__________ START_______ FINISH_______ SCORE_____

8 - 5	4 + 4	17 - 9	6 - 5	3 + 5	4 + 9	13 - 6	3 - 2	13 - 5
4 + 1	2 + 6	7 - 4	5 + 7	2 + 2	7 - 3	10 - 5	6 + 1	15 - 9
17 - 8	8 - 4	3 + 4	9 - 5	7 - 6	5 + 2	7 + 4	8 + 3	14 - 8
9 + 6	15 - 8	12 - 8	1 + 3	5 - 4	4 + 7	5 + 6	16 - 8	3 + 7
2 + 8	16 - 7	2 + 7	8 + 9	4 + 3	2 + 9	8 + 2	1 + 7	10 - 8
4 - 2	7 - 5	2 + 4	13 - 7	10 - 6	6 + 2	8 - 3	2 + 1	7 + 8
6 + 7	9 - 4	6 - 2	14 - 5	3 + 6	1 + 2	10 - 3	12 - 9	11 - 7
12 - 5	9 - 2	4 + 6	8 + 4	11 - 4	7 - 2	7 + 2	14 - 7	15 - 6
8 - 6	3 + 8	6 + 8	2 + 5	7 + 5	7 + 6	9 + 3	7 + 1	16 - 9

DATE__________ START_______ FINISH_______ SCORE_____

6 + 4	2 + 6	12 - 6	10 - 4	6 - 4	8 + 7	14 - 6	9 + 9	7 - 4
7 + 7	10 - 1	6 + 3	12 - 8	2 + 8	12 - 7	11 - 7	8 + 1	5 - 2
6 - 5	9 + 4	4 + 5	4 + 2	5 - 3	6 + 5	3 + 1	11 - 3	7 + 3
4 + 8	13 - 7	10 - 2	4 + 7	13 - 4	14 - 5	8 + 6	2 + 5	18 - 9
11 - 5	9 - 8	3 - 2	8 + 4	8 + 3	4 + 4	8 - 4	8 - 6	16 - 8
9 - 7	17 - 8	4 - 3	9 + 5	12 - 5	13 - 6	8 + 5	7 + 6	1 + 7
15 - 7	5 + 6	5 - 4	5 + 9	13 - 5	10 - 6	7 - 5	3 + 4	3 + 8
6 + 9	12 - 4	1 + 3	8 + 8	3 + 2	2 + 2	5 + 2	13 - 9	12 - 9
7 + 2	2 + 7	6 + 8	5 + 5	15 - 8	14 - 8	4 + 6	3 + 3	10 - 8

DATE__________ START_______ FINISH_______ SCORE_____

3 - 2	3 + 2	12 - 4	2 + 4	11 - 5	16 - 9	10 - 9	9 + 8	4 + 2
2 + 8	13 - 9	15 - 6	6 - 3	4 + 3	10 - 1	17 - 9	14 - 6	4 + 1
8 + 6	11 - 7	6 + 2	8 - 3	5 + 5	5 - 2	5 + 4	10 - 7	8 + 4
8 - 6	16 - 8	8 + 9	10 - 5	7 + 1	11 - 8	18 - 9	12 - 3	7 + 9
7 - 2	8 + 8	8 - 4	2 + 7	2 + 2	9 + 3	4 + 5	8 + 3	7 - 6
14 - 8	15 - 7	4 + 4	6 + 6	9 - 3	15 - 8	10 - 2	6 + 7	6 + 3
10 - 8	2 + 3	5 + 8	10 - 4	9 + 4	3 + 1	5 + 6	1 + 8	9 - 7
16 - 7	3 + 5	3 + 4	3 + 6	5 + 7	1 + 3	9 - 6	13 - 6	7 + 4
8 + 1	10 - 3	8 + 5	3 + 8	11 - 6	11 - 2	5 - 3	17 - 8	4 + 8

DATE__________ START_______ FINISH_______ SCORE_____

6 + 2	3 + 3	15 - 7	5 + 7	4 + 7	9 - 4	8 + 2	5 - 3	5 + 3
2 + 9	6 + 7	6 - 5	7 + 2	11 - 8	12 - 4	4 + 4	7 + 7	8 - 7
4 + 9	2 + 5	1 + 6	6 + 6	7 + 9	7 - 4	11 - 4	8 + 3	8 + 1
13 - 8	5 + 4	10 - 8	17 - 9	12 - 7	8 - 4	5 - 2	3 - 2	2 + 7
8 - 6	14 - 9	4 + 1	10 - 6	6 - 3	2 + 3	13 - 6	7 - 3	18 - 9
9 + 4	6 + 8	14 - 6	8 + 5	7 + 3	8 - 5	13 - 5	6 + 5	3 + 7
3 + 4	17 - 8	16 - 8	4 + 8	10 - 9	4 - 2	7 + 5	1 + 8	9 - 1
5 + 5	4 - 3	12 - 8	13 - 7	12 - 9	4 + 3	2 + 8	7 + 4	16 - 9
8 + 6	7 - 6	6 + 1	8 + 4	5 + 1	15 - 6	15 - 8	12 - 3	4 + 2

DATE__________ START_______ FIRST_______ SCORE_____

12 - 8	13 - 6	11 - 4	14 - 8	6 + 8	5 + 5	17 - 9	2 + 3	4 + 3
18 - 9	5 + 7	15 - 8	16 - 8	5 - 3	8 + 6	11 - 2	4 + 7	2 + 5
3 + 7	6 + 6	1 + 7	10 - 6	7 + 4	3 + 2	6 - 3	4 + 6	7 + 7
9 + 7	11 - 5	6 + 4	10 - 7	8 + 8	8 + 3	7 + 3	3 - 2	9 - 7
12 - 9	13 - 7	7 - 4	9 - 6	7 - 2	10 - 1	13 - 8	5 + 1	8 + 5
5 + 3	7 + 1	8 + 7	9 - 1	7 + 8	2 + 2	3 + 1	15 - 9	5 + 6
3 + 4	2 + 6	13 - 5	16 - 9	6 - 5	14 - 7	16 - 7	11 - 8	10 - 4
10 - 5	4 - 3	6 + 2	4 + 9	8 - 3	9 - 0	8 - 6	1 + 4	6 + 3
4 - 2	7 + 5	15 - 7	7 - 5	2 + 4	3 + 5	5 + 4	7 + 6	4 + 5

DATE__________ START_______ FINISH_______ SCORE_____

7	4	9	16	2	6	11	12	5
- 6	- 3	+ 8	- 9	+ 9	- 5	- 6	- 7	+ 5
4	6	9	6	4	18	17	7	3
+ 9	+ 4	- 5	+ 1	+ 6	- 9	- 8	+ 5	+ 5
1	8	1	5	14	4	7	13	8
+ 4	+ 6	+ 9	+ 7	- 9	+ 3	+ 4	- 5	- 7
1	7	15	11	7	11	2	3	8
+ 3	+ 8	- 6	- 4	+ 3	- 8	+ 4	+ 6	+ 7
15	7	6	4	5	5	13	9	14
- 7	- 4	- 2	+ 1	+ 2	+ 9	- 6	+ 5	- 7
5	1	3	7	9	6	8	9	14
- 2	+ 6	- 2	+ 2	+ 4	+ 5	+ 5	- 6	- 8
10	14	15	4	3	12	6	5	3
- 7	- 6	- 9	+ 8	+ 4	- 5	- 4	- 4	+ 1
7	10	16	17	9	8	5	7	9
- 3	- 6	- 8	- 9	- 0	- 3	+ 4	+ 6	- 1
8	11	8	8	8	4	2	8	7
- 5	- 3	+ 2	- 4	+ 3	+ 5	+ 2	+ 4	+ 9

DATE__________ START______ FINISH______ SCORE____

1 + 8	11 - 7	7 + 4	8 + 2	3 + 4	5 + 7	8 + 9	7 + 7	18 - 9
4 + 8	16 - 8	1 + 3	4 + 2	3 - 2	6 + 1	6 - 5	5 + 8	8 - 5
6 + 7	4 - 2	14 - 7	5 + 2	17 - 8	2 + 3	14 - 8	3 + 6	7 + 6
7 + 1	2 + 7	10 - 9	5 - 3	12 - 5	8 + 8	16 - 9	5 - 4	17 - 9
16 - 7	2 + 9	15 - 8	4 - 3	9 + 2	7 + 8	12 - 7	5 - 2	7 - 6
11 - 4	13 - 7	3 + 7	5 + 6	10 - 7	8 + 4	11 - 6	6 + 6	7 + 2
15 - 7	6 - 3	10 - 5	9 + 3	4 + 7	9 - 5	13 - 5	2 + 6	7 + 5
4 + 6	8 + 6	1 + 7	9 + 7	1 + 4	4 + 5	8 - 7	6 + 3	2 + 4
11 - 3	9 - 3	2 + 2	8 - 3	12 - 8	7 - 2	15 - 9	13 - 6	10 - 2

DATE__________ START_______ FINISH_______ SCORE_____

7 + 1   7 + 9   1 + 6   3 + 4   9 - 2   7 - 6   14 - 6   6 + 2   7 + 7

8 - 2   7 + 6   17 - 8   3 + 8   10 - 7   5 + 3   3 + 7   8 - 5   2 + 5

9 + 7   5 + 5   5 + 7   3 + 1   4 - 2   3 - 2   2 + 4   8 + 6   5 - 4

11 - 3   7 + 8   9 - 4   6 + 4   6 + 7   5 - 2   9 - 8   14 - 7   3 + 5

12 - 3   8 - 6   18 - 9   2 + 3   8 + 1   7 + 2   13 - 6   12 - 7   1 + 3

2 + 9   11 - 2   5 + 6   1 + 5   10 - 3   13 - 8   6 + 6   2 + 6   5 - 3

6 + 8   4 - 3   9 - 3   8 + 3   17 - 9   15 - 9   12 - 6   3 + 2   16 - 7

3 + 9   2 + 2   8 - 4   11 - 7   4 + 1   3 + 6   16 - 9   7 - 4   7 - 5

4 + 6   8 + 8   16 - 8   9 - 7   8 - 7   13 - 5   7 + 5   10 - 6   4 + 7

DATE__________ START_______ FINISH_______ SCORE_____

14 - 8	7 + 2	4 + 6	2 + 6	16 - 8	6 + 4	3 + 1	6 + 3	14 - 5
5 + 7	10 - 5	9 + 5	9 - 4	13 - 7	8 + 3	18 - 9	12 - 4	9 - 1
1 + 4	8 + 6	8 + 8	6 + 2	7 + 6	1 + 7	13 - 5	7 + 9	8 + 4
2 + 7	6 - 4	3 + 9	7 + 5	7 - 3	11 - 5	9 + 6	7 + 7	9 - 2
7 - 4	4 + 4	11 - 3	5 - 4	3 + 7	13 - 6	8 - 4	7 + 3	6 - 5
5 + 5	5 + 8	3 + 6	14 - 7	3 + 2	12 - 5	6 - 2	8 - 5	11 - 8
5 + 9	9 + 1	4 + 8	3 - 2	12 - 6	7 + 4	17 - 9	7 - 5	4 + 3
5 + 4	2 + 8	17 - 8	16 - 7	12 - 3	4 + 7	13 - 8	11 - 4	7 + 8
9 - 0	10 - 8	9 - 7	2 + 3	9 - 5	3 + 8	14 - 6	10 - 3	3 + 4

DATE__________ START______ FINISH______ SCORE____

10 - 6	3 - 2	5 - 2	9 - 6	11 - 4	8 - 7	5 + 2	4 + 5	5 + 6
9 + 2	11 - 3	6 - 4	9 - 8	11 - 5	3 + 6	6 + 6	5 + 3	7 - 6
4 + 8	16 - 8	11 - 7	5 + 4	13 - 5	5 + 8	8 - 6	10 - 5	15 - 9
5 - 4	2 + 3	14 - 7	17 - 8	7 + 1	3 + 4	7 + 6	8 + 1	8 + 6
2 + 1	2 + 5	4 + 7	16 - 7	17 - 9	6 - 3	8 - 5	1 + 4	2 + 9
6 + 9	10 - 9	3 + 2	18 - 9	15 - 8	1 + 3	13 - 4	13 - 8	7 + 5
12 - 4	4 + 6	6 + 4	5 + 5	11 - 6	1 + 8	11 - 2	5 + 7	4 + 2
2 + 7	4 + 3	2 + 6	4 - 3	14 - 8	1 + 7	12 - 6	8 - 4	9 + 6
8 + 9	6 + 8	4 + 4	9 - 1	8 + 7	8 + 4	16 - 9	7 - 2	4 - 2

DATE__________ START______ FINISH______ SCORE____

<table>
<tr><td>4
- 3</td><td>8
+ 2</td><td>7
+ 4</td><td>2
+ 5</td><td>3
+ 4</td><td>15
- 9</td><td>5
+ 2</td><td>3
+ 5</td><td>9
+ 4</td></tr>
<tr><td>2
+ 7</td><td>15
- 7</td><td>14
- 9</td><td>11
- 8</td><td>14
- 7</td><td>8
+ 9</td><td>2
+ 4</td><td>8
- 4</td><td>3
+ 1</td></tr>
<tr><td>6
+ 5</td><td>16
- 8</td><td>5
+ 3</td><td>9
- 2</td><td>2
+ 6</td><td>13
- 6</td><td>3
+ 9</td><td>6
+ 3</td><td>18
- 9</td></tr>
<tr><td>8
- 6</td><td>10
- 2</td><td>9
- 4</td><td>14
- 6</td><td>4
+ 6</td><td>17
- 9</td><td>9
- 6</td><td>16
- 7</td><td>7
+ 8</td></tr>
<tr><td>7
+ 6</td><td>7
- 4</td><td>15
- 6</td><td>4
+ 2</td><td>1
+ 9</td><td>7
+ 5</td><td>2
+ 3</td><td>16
- 9</td><td>5
- 3</td></tr>
<tr><td>10
- 4</td><td>7
+ 3</td><td>12
- 7</td><td>12
- 6</td><td>1
+ 6</td><td>6
- 3</td><td>15
- 8</td><td>4
+ 1</td><td>5
+ 8</td></tr>
<tr><td>11
- 6</td><td>9
+ 5</td><td>13
- 5</td><td>8
- 2</td><td>9
+ 8</td><td>7
- 3</td><td>3
+ 6</td><td>9
+ 2</td><td>13
- 8</td></tr>
<tr><td>4
+ 9</td><td>3
+ 2</td><td>12
- 8</td><td>8
+ 8</td><td>8
+ 5</td><td>5
- 4</td><td>13
- 4</td><td>10
- 6</td><td>5
+ 7</td></tr>
<tr><td>1
+ 5</td><td>7
- 5</td><td>11
- 5</td><td>1
+ 7</td><td>1
+ 3</td><td>9
+ 3</td><td>3
+ 8</td><td>7
- 2</td><td>11
- 4</td></tr>
</table>

DATE__________ START______ FINISH______ SCORE____

18 - 9	5 + 9	3 - 2	10 - 6	16 - 8	14 - 9	8 + 1	5 + 2	4 + 7
12 - 7	9 + 6	6 + 4	6 + 2	8 - 7	4 - 3	7 - 4	12 - 6	4 - 2
7 + 4	9 - 5	5 + 4	8 + 5	10 - 5	10 - 9	9 + 9	2 + 3	14 - 8
3 + 7	7 + 7	3 + 5	3 + 4	5 + 6	6 + 6	17 - 9	12 - 4	8 + 8
5 - 3	5 - 4	13 - 9	15 - 6	9 + 5	8 + 9	7 + 8	6 + 5	11 - 8
15 - 9	4 + 6	13 - 5	7 + 5	7 + 6	7 - 5	4 + 5	4 + 3	7 + 9
1 + 2	14 - 7	6 + 3	9 + 8	11 - 7	8 + 7	8 - 6	12 - 5	17 - 8
9 - 8	8 + 2	10 - 3	8 + 3	10 - 2	1 + 1	2 + 4	9 - 4	9 - 3
7 - 3	9 + 4	11 - 5	2 + 7	11 - 6	10 - 7	5 + 8	15 - 8	2 + 8

DATE__________ START_______ FINISH_______ SCORE_____

15 - 9	2 + 3	2 + 4	17 - 8	6 + 7	5 - 2	12 - 6	6 - 3	6 + 2
10 - 6	8 + 2	7 + 3	10 - 5	7 - 6	6 + 1	15 - 7	7 + 6	3 - 2
5 + 6	6 + 5	5 + 3	7 + 8	8 - 5	1 + 2	12 - 4	5 - 4	17 - 9
8 + 5	3 + 4	12 - 7	7 + 9	18 - 9	3 + 6	7 - 5	8 + 1	2 + 7
16 - 9	13 - 7	1 + 5	2 + 2	6 + 8	7 + 7	12 - 3	11 - 7	7 + 5
4 + 2	9 + 3	1 + 7	13 - 6	11 - 5	14 - 7	8 + 6	4 - 2	3 + 9
10 - 1	8 + 8	9 + 6	5 - 3	9 - 3	9 + 9	1 + 3	6 + 9	1 + 6
8 - 2	3 + 2	4 + 7	10 - 2	9 - 2	8 + 4	4 + 3	9 - 0	5 + 7
10 - 3	15 - 8	4 + 9	8 - 6	16 - 8	4 - 3	9 - 8	13 - 9	7 - 4

DATE__________ START_______ FINISH_______ SCORE_____

1 + 3	17 - 8	15 - 8	3 + 7	7 - 5	8 + 6	9 + 5	16 - 7	13 - 8
8 + 8	12 - 5	13 - 9	18 - 9	7 + 2	3 + 9	2 + 3	5 + 7	9 - 6
10 - 6	4 - 3	4 - 2	6 + 6	14 - 7	2 + 8	10 - 5	11 - 8	5 + 5
7 - 6	10 - 8	16 - 9	4 + 5	11 - 3	4 + 8	5 + 3	8 - 6	13 - 7
4 + 3	2 + 2	10 - 9	2 + 4	14 - 6	8 + 7	15 - 7	8 + 2	6 + 8
6 - 5	3 + 2	17 - 9	7 + 4	3 + 3	3 - 2	5 + 2	12 - 8	5 + 6
7 + 6	11 - 9	9 + 4	8 + 5	6 - 4	9 + 8	9 - 3	11 - 7	7 - 4
15 - 9	6 + 1	6 + 5	4 + 7	5 - 3	8 + 1	5 - 4	14 - 9	4 + 2
6 - 3	7 + 8	13 - 5	9 + 1	1 + 7	6 + 3	5 + 1	8 + 9	11 - 6

DATE__________ START______ FINISH______ SCORE____

4 + 2	6 + 2	1 + 9	4 - 3	8 - 7	17 - 9	5 + 4	1 + 7	3 - 2
5 + 5	9 + 3	8 - 5	12 - 6	3 + 6	17 - 8	12 - 4	5 + 3	6 + 8
13 - 6	7 - 4	8 + 7	18 - 9	9 - 5	5 + 7	2 + 4	7 + 8	12 - 8
10 - 1	6 + 9	7 + 2	10 - 7	2 + 2	12 - 7	3 + 9	2 + 5	8 + 5
4 + 8	6 + 3	13 - 9	12 - 5	6 + 6	14 - 6	1 + 6	8 - 6	6 - 3
1 + 2	15 - 8	13 - 7	14 - 8	2 + 7	15 - 9	11 - 5	14 - 5	9 + 6
2 + 6	6 + 1	8 + 4	11 - 7	8 - 3	3 + 4	4 + 5	5 + 6	7 + 6
6 - 4	16 - 8	2 + 9	5 + 9	9 - 4	7 - 2	8 - 4	4 + 4	13 - 8
8 + 8	3 + 8	11 - 8	5 - 4	2 + 8	7 - 3	10 - 2	8 + 6	5 - 3

DATE__________ START_______ FINISH_______ SCORE_____

2 + 8	14 - 9	8 + 8	2 + 7	8 + 5	9 + 4	9 - 7	7 - 4	13 - 9
8 + 4	8 - 7	4 + 2	16 - 8	10 - 2	5 + 7	2 + 6	7 + 1	1 + 4
7 - 5	17 - 8	3 - 2	5 + 9	13 - 5	12 - 8	5 + 6	5 - 4	14 - 5
4 + 8	2 + 5	9 + 2	8 - 5	5 + 2	5 - 3	8 + 2	6 + 4	7 + 5
10 - 8	3 + 3	3 + 5	17 - 9	6 + 3	15 - 7	5 + 3	12 - 3	14 - 7
12 - 5	8 - 6	14 - 8	6 + 1	4 + 5	15 - 8	4 + 9	10 - 6	6 + 2
4 + 4	4 + 3	9 - 3	11 - 6	5 - 2	8 + 1	2 + 3	7 + 9	4 - 3
9 - 2	4 + 6	6 - 5	13 - 8	13 - 7	10 - 7	13 - 4	11 - 9	3 + 1
3 + 4	9 - 5	1 + 7	6 + 8	2 + 4	16 - 7	3 + 6	2 + 1	8 - 4

DATE__________ START_______ FINISH_______ SCORE_____

8 + 7	9 + 6	4 + 6	15 - 9	13 - 6	2 + 7	15 - 7	2 + 3	4 - 3
5 + 3	13 - 8	5 + 1	9 + 2	15 - 8	16 - 8	5 - 4	7 + 7	2 + 4
3 - 2	5 - 2	11 - 3	10 - 1	3 + 1	17 - 9	12 - 7	7 - 6	8 - 6
12 - 9	11 - 4	5 - 3	4 + 4	9 + 1	4 + 1	4 + 7	7 - 3	10 - 3
11 - 7	5 + 5	10 - 8	16 - 9	6 + 3	8 + 5	3 + 6	17 - 8	9 - 1
9 + 9	5 + 6	4 + 8	6 + 4	10 - 4	2 + 8	4 + 2	2 + 2	7 - 5
6 + 8	9 - 3	9 + 8	7 + 8	6 + 7	14 - 6	6 + 6	9 + 7	18 - 9
12 - 5	8 - 5	14 - 7	2 + 1	2 + 6	8 + 2	2 + 5	5 + 9	11 - 5
9 + 3	15 - 6	14 - 9	14 - 8	5 + 2	16 - 7	6 - 5	1 + 5	4 + 5

DATE__________ START______ FINISH______ SCORE____

2 + 2	8 + 7	8 - 6	17 - 8	17 - 9	5 - 4	5 + 2	1 + 2	12 - 4
9 - 1	9 + 4	12 - 7	6 + 1	16 - 8	5 + 5	4 + 2	13 - 8	13 - 5
13 - 6	8 + 8	8 + 2	6 + 8	7 - 4	12 - 8	6 + 4	6 - 3	4 + 3
16 - 7	15 - 7	6 + 5	8 + 1	5 + 8	4 + 5	6 + 3	4 - 3	18 - 9
5 - 2	15 - 8	14 - 5	2 + 8	8 + 4	6 - 4	7 - 5	12 - 6	5 + 3
5 + 4	10 - 5	15 - 9	7 - 3	8 + 6	2 + 3	8 - 2	14 - 6	5 + 6
5 - 3	4 + 4	4 - 2	9 - 2	6 + 7	3 - 2	2 + 9	1 + 6	7 + 7
10 - 3	4 + 9	5 + 7	2 + 6	3 + 8	14 - 9	7 + 2	11 - 8	1 + 5
3 + 7	2 + 7	9 - 0	4 + 6	10 - 2	11 - 3	2 + 4	4 + 8	14 - 8

DATE_________ START______ FINISH______ SCORE____

16 - 9	17 - 8	8 + 7	9 + 8	5 + 1	9 - 6	15 - 8	12 - 3	14 - 8
11 - 4	11 - 5	15 - 6	5 + 3	16 - 8	10 - 1	1 + 1	17 - 9	6 - 2
3 + 8	8 - 3	6 + 2	14 - 6	8 + 3	18 - 9	2 + 6	8 + 6	5 - 4
4 - 3	3 + 2	13 - 5	9 - 4	4 + 3	7 + 5	5 + 4	12 - 8	9 - 8
13 - 7	2 + 8	5 + 5	1 + 7	1 + 8	16 - 7	3 + 4	4 + 7	5 + 8
13 - 6	7 + 6	2 + 2	5 + 6	11 - 9	8 - 4	4 + 2	8 - 5	9 - 1
7 + 7	1 + 2	6 - 5	5 + 2	3 - 2	6 + 7	8 + 8	3 + 9	15 - 9
9 - 7	4 - 2	10 - 6	13 - 4	6 + 6	7 + 8	9 - 3	2 + 1	4 + 8
1 + 3	7 + 2	12 - 4	10 - 2	5 - 3	8 + 2	2 + 3	2 + 7	6 + 3

DATE________ START______ FINISH______ SCORE____

7 - 3	1 + 5	18 - 9	8 + 4	1 + 2	17 - 8	6 + 6	1 + 6	1 + 8
16 - 8	3 - 2	4 - 3	3 + 2	8 + 8	6 + 5	17 - 9	3 + 7	9 - 6
15 - 7	7 + 5	5 - 4	9 - 5	9 - 2	5 - 3	5 + 1	2 + 8	7 - 6
8 - 4	7 + 4	6 + 8	15 - 6	13 - 8	3 + 4	1 + 4	8 + 2	10 - 9
5 + 6	9 + 8	5 + 5	13 - 6	7 - 2	8 + 5	5 + 3	13 - 5	15 - 8
2 + 5	1 + 7	6 - 3	12 - 7	10 - 6	10 - 5	4 + 8	6 + 1	1 + 9
11 - 8	9 - 3	14 - 8	8 - 5	3 + 3	14 - 9	5 + 2	8 + 7	16 - 9
4 + 6	7 + 7	14 - 5	3 + 5	4 + 3	14 - 7	4 + 7	11 - 6	8 + 3
12 - 9	7 + 8	2 + 2	7 + 1	5 + 9	5 - 2	9 - 1	6 - 4	12 - 6

DATE__________ START______ FINISH______ SCORE____

18 - 9	2 + 2	6 + 8	7 + 9	16 - 7	8 - 6	3 + 5	12 - 8	3 + 3
15 - 8	8 - 3	7 + 3	5 + 6	7 + 7	7 - 6	5 - 3	7 + 8	12 - 4
12 - 7	4 + 9	8 - 4	3 + 2	14 - 6	2 + 3	2 + 4	5 - 4	6 + 5
5 + 9	10 - 5	16 - 8	17 - 8	9 + 2	9 - 7	2 + 8	3 + 6	6 + 6
6 - 3	8 + 3	11 - 3	5 + 1	11 - 5	15 - 7	1 + 4	6 + 2	8 + 5
12 - 5	7 + 5	13 - 8	9 + 7	5 + 7	7 + 4	1 + 5	17 - 9	11 - 4
5 + 8	7 - 4	5 - 2	5 + 4	2 + 7	6 - 4	7 - 2	3 + 4	11 - 8
9 - 1	10 - 6	7 - 5	2 + 5	4 + 7	13 - 7	13 - 6	11 - 2	3 - 2
10 - 2	4 + 3	14 - 5	5 + 3	13 - 9	6 + 4	6 + 7	7 + 2	4 + 2

DATE__________ START_______ FINISH_______ SCORE_____

7 - 2	5 + 1	10 - 1	8 - 7	3 + 1	16 - 7	9 - 1	2 + 8	9 - 5
10 - 4	9 - 3	3 + 8	8 + 9	8 - 6	15 - 7	2 + 7	3 - 2	11 - 2
5 + 8	5 - 3	3 + 2	7 + 7	5 + 2	9 - 4	6 - 3	8 + 8	15 - 8
8 + 5	6 + 3	15 - 9	16 - 8	13 - 8	3 + 3	6 + 5	5 + 6	16 - 9
4 + 3	12 - 8	4 + 8	2 + 6	8 + 7	5 - 4	8 + 3	3 + 7	11 - 6
17 - 9	3 + 4	4 - 3	11 - 4	6 + 6	11 - 7	2 + 9	10 - 5	7 - 3
14 - 7	4 + 6	13 - 5	6 + 2	7 + 5	4 + 4	10 - 3	12 - 9	6 + 9
7 + 3	14 - 5	6 - 4	4 + 5	8 - 4	1 + 4	4 + 7	14 - 6	11 - 3
6 + 8	18 - 9	1 + 7	5 + 7	7 + 8	7 + 4	12 - 4	6 + 4	2 + 5

DATE__________ START_______ FINISH_______ SCORE_____

2 + 7	4 + 3	13 - 7	12 - 6	17 - 8	4 + 8	7 + 9	11 - 8	9 - 5
6 - 4	15 - 8	5 + 6	2 + 9	11 - 5	4 + 5	9 + 5	10 - 6	4 + 1
4 + 4	10 - 3	3 + 5	9 + 1	1 + 2	1 + 5	3 + 7	13 - 8	7 + 7
6 + 7	6 - 3	16 - 9	9 - 2	6 - 5	3 - 2	3 + 2	2 + 1	6 + 3
2 + 2	5 + 5	8 - 4	7 + 4	16 - 8	11 - 6	7 + 6	11 - 7	6 + 6
7 + 3	6 - 2	17 - 9	8 + 7	3 + 6	12 - 3	12 - 5	10 - 1	10 - 2
8 - 5	5 + 9	3 + 3	13 - 4	14 - 5	9 + 2	1 + 7	11 - 3	1 + 3
8 - 7	18 - 9	9 - 8	1 + 6	5 + 8	15 - 7	5 + 2	4 - 2	15 - 9
12 - 4	14 - 8	5 + 4	12 - 9	1 + 8	3 + 4	9 - 0	2 + 8	9 + 6

DATE__________ START_______ FINISH_______ SCORE_____

<table>
<tr><td>7
- 6</td><td>17
- 8</td><td>12
- 4</td><td>5
+ 9</td><td>15
- 7</td><td>8
- 4</td><td>2
+ 3</td><td>4
+ 7</td><td>2
+ 9</td></tr>
<tr><td>2
+ 4</td><td>5
+ 2</td><td>3
+ 3</td><td>10
- 3</td><td>3
- 2</td><td>5
+ 6</td><td>9
- 8</td><td>2
+ 7</td><td>4
+ 6</td></tr>
<tr><td>4
- 3</td><td>5
- 3</td><td>13
- 4</td><td>7
- 2</td><td>9
- 1</td><td>14
- 7</td><td>9
- 3</td><td>5
- 4</td><td>8
+ 3</td></tr>
<tr><td>7
- 5</td><td>17
- 9</td><td>15
- 8</td><td>11
- 3</td><td>16
- 9</td><td>7
+ 5</td><td>14
- 8</td><td>5
+ 1</td><td>1
+ 8</td></tr>
<tr><td>6
+ 3</td><td>2
+ 5</td><td>10
- 8</td><td>18
- 9</td><td>7
- 4</td><td>3
+ 5</td><td>9
- 7</td><td>9
- 6</td><td>5
+ 8</td></tr>
<tr><td>9
+ 2</td><td>8
+ 7</td><td>14
- 5</td><td>6
- 5</td><td>1
+ 6</td><td>4
+ 5</td><td>7
+ 3</td><td>2
+ 8</td><td>4
+ 2</td></tr>
<tr><td>1
+ 7</td><td>14
- 6</td><td>6
- 3</td><td>11
- 8</td><td>1
+ 2</td><td>5
+ 5</td><td>6
+ 4</td><td>12
- 7</td><td>16
- 8</td></tr>
<tr><td>7
+ 9</td><td>3
+ 7</td><td>4
+ 9</td><td>7
+ 6</td><td>6
+ 2</td><td>2
+ 2</td><td>5
+ 4</td><td>11
- 7</td><td>4
+ 4</td></tr>
<tr><td>6
+ 7</td><td>9
- 0</td><td>8
+ 4</td><td>5
+ 3</td><td>7
+ 2</td><td>10
- 4</td><td>13
- 5</td><td>14
- 9</td><td>10
- 5</td></tr>
</table>

DATE________ START______ FINISH______ SCORE____

18 - 9	4 - 3	11 - 5	10 - 8	14 - 8	9 + 2	3 + 5	16 - 8	3 + 4
9 - 5	8 + 6	6 - 5	4 - 2	14 - 7	4 + 2	6 + 5	15 - 9	8 + 8
7 + 8	5 - 2	4 + 1	7 + 3	14 - 5	17 - 9	1 + 6	9 - 1	5 - 4
5 + 1	13 - 9	8 + 2	8 + 7	4 + 9	17 - 8	8 - 2	9 - 3	2 + 6
15 - 8	8 + 4	4 + 5	3 + 8	3 + 6	1 + 1	6 + 9	7 + 6	5 + 5
5 + 8	1 + 3	5 + 7	7 + 7	13 - 4	11 - 2	11 - 8	4 + 3	1 + 4
8 + 9	8 - 5	16 - 7	8 - 6	8 - 7	8 - 3	1 + 7	6 - 4	10 - 4
2 + 3	7 - 4	13 - 7	4 + 8	13 - 6	12 - 6	13 - 5	7 - 6	3 + 2
7 - 2	5 + 9	5 + 6	9 - 7	2 + 9	12 - 3	4 + 7	1 + 5	7 + 4

DATE__________ START______ FINISH______ SCORE____

10 - 2 | 11 - 4 | 10 - 6 | 13 - 6 | 15 - 8 | 11 - 3 | 5 + 5 | 7 - 2 | 14 - 5

2 + 3 | 15 - 6 | 6 - 4 | 5 + 7 | 8 + 4 | 11 - 9 | 15 - 7 | 8 + 2 | 10 - 3

5 + 9 | 8 + 1 | 2 + 4 | 14 - 6 | 5 + 3 | 16 - 8 | 8 + 6 | 5 + 6 | 6 + 3

4 - 2 | 13 - 7 | 6 + 2 | 5 + 2 | 8 + 8 | 6 - 5 | 9 + 7 | 9 + 3 | 1 + 1

12 - 6 | 7 + 8 | 17 - 9 | 7 + 4 | 3 + 6 | 9 + 6 | 2 + 7 | 8 - 6 | 6 + 4

2 + 1 | 7 - 4 | 16 - 7 | 4 - 3 | 4 + 1 | 4 + 7 | 8 - 2 | 5 - 2 | 14 - 9

15 - 9 | 6 - 3 | 3 + 2 | 5 - 4 | 7 + 2 | 18 - 9 | 9 - 8 | 4 + 9 | 6 + 9

9 + 4 | 5 + 1 | 5 + 8 | 16 - 9 | 3 + 1 | 10 - 7 | 7 - 3 | 4 + 8 | 2 + 2

12 - 4 | 4 + 6 | 17 - 8 | 4 + 4 | 7 - 5 | 14 - 8 | 13 - 5 | 6 + 6 | 8 + 5

DATE__________ START_______ FINISH_______ SCORE____

15 - 8	18 - 9	2 + 4	14 - 8	5 - 4	12 - 7	12 - 4	10 - 6	8 + 8
7 - 2	3 + 2	2 + 6	5 - 3	7 + 3	7 + 2	7 - 6	2 + 9	7 + 4
12 - 8	8 - 3	8 + 4	15 - 6	9 - 7	8 + 9	5 + 5	11 - 3	7 + 8
7 - 4	4 + 8	4 + 9	6 + 6	8 + 5	2 + 8	9 - 0	6 + 8	6 - 5
14 - 5	4 + 6	4 + 3	5 + 4	9 + 7	8 - 7	1 + 3	5 + 9	2 + 2
8 - 6	5 + 2	2 + 5	2 + 7	13 - 8	11 - 4	8 - 4	6 + 2	10 - 5
3 - 2	4 + 7	14 - 9	16 - 8	9 - 4	11 - 2	9 + 3	8 - 5	9 + 6
6 + 4	8 + 6	9 - 5	8 + 3	5 + 6	6 - 3	6 + 7	9 + 8	11 - 6
11 - 8	4 - 3	2 + 3	14 - 6	14 - 7	5 - 2	8 + 2	7 - 3	1 + 7

DATE__________ START______ FINISH______ SCORE____

6 + 4	1 + 3	17 - 8	4 + 8	2 + 5	2 + 3	16 - 8	5 + 7	18 - 9
8 - 6	4 - 2	2 + 2	6 + 5	4 + 4	9 - 3	6 - 3	6 + 1	6 + 2
5 + 5	12 - 5	8 - 5	12 - 8	6 + 7	8 + 7	10 - 7	15 - 9	10 - 4
2 + 7	9 - 0	8 - 3	9 + 8	8 + 9	7 + 3	14 - 6	7 - 4	1 + 8
13 - 7	7 - 2	1 + 4	2 + 4	8 + 5	13 - 4	4 + 3	1 + 7	9 + 4
6 - 2	15 - 7	11 - 8	16 - 7	6 + 9	3 + 6	14 - 8	8 + 2	4 + 6
9 + 2	13 - 5	5 + 6	14 - 7	6 - 5	7 + 4	9 + 6	9 + 7	12 - 4
16 - 9	8 - 4	7 + 8	10 - 8	12 - 7	8 + 8	10 - 2	5 + 8	9 + 5
3 - 2	3 + 2	8 - 7	5 + 4	7 - 3	15 - 8	17 - 9	1 + 1	5 - 2

DATE__________ START_______ FINISH_______ SCORE_____

2 + 6	6 + 5	6 - 4	1 + 8	5 - 4	6 + 8	4 - 2	13 - 4	7 + 4
9 + 6	6 - 3	8 - 7	3 - 2	5 - 2	7 + 9	9 + 2	8 + 7	2 + 3
12 - 7	11 - 4	4 + 7	12 - 8	2 + 2	7 - 2	4 + 2	6 + 2	8 - 4
5 + 3	6 + 6	8 - 5	13 - 8	16 - 7	12 - 4	7 + 5	6 + 7	7 + 6
3 + 6	5 + 6	4 + 6	7 + 3	8 + 4	15 - 8	5 + 4	9 - 8	7 + 8
13 - 9	2 + 5	4 + 5	8 + 5	9 + 3	4 + 3	13 - 5	10 - 9	17 - 8
15 - 9	5 + 5	10 - 2	6 - 5	13 - 6	7 + 7	7 - 4	9 + 4	3 + 4
10 - 7	14 - 8	8 + 6	7 - 6	14 - 7	5 + 2	13 - 7	16 - 9	14 - 6
3 + 8	5 - 3	1 + 2	3 + 3	14 - 9	9 - 5	3 + 1	8 - 2	6 - 2

DATE__________ START______ FINISH______ SCORE____

3 + 6	11 - 4	3 + 5	10 - 3	15 - 9	9 + 4	5 + 8	17 - 8	9 - 1
6 + 9	2 + 8	14 - 7	16 - 7	7 - 6	6 + 4	8 + 6	5 + 9	10 - 5
13 - 7	8 - 4	11 - 3	2 + 2	8 + 8	8 + 2	3 + 2	12 - 5	17 - 9
6 - 3	4 + 2	13 - 6	10 - 9	12 - 7	3 + 4	4 + 8	16 - 8	7 + 7
1 + 5	9 - 8	8 - 3	6 + 8	6 - 5	3 - 2	15 - 7	4 - 3	8 + 7
7 + 3	18 - 9	2 + 7	13 - 9	2 + 1	4 + 4	11 - 5	5 + 3	6 + 7
2 + 4	5 + 5	6 + 2	5 + 2	2 + 3	7 - 3	1 + 2	4 + 1	9 - 3
9 + 5	5 + 4	5 - 2	8 - 5	11 - 6	3 + 7	4 - 2	11 - 7	2 + 9
7 - 5	8 + 1	11 - 9	7 - 2	4 + 3	6 - 4	3 + 3	10 - 7	9 + 7

DATE__________ START_______ FINISH_______ SCORE_____

14 - 6	9 - 5	14 - 8	15 - 9	1 + 8	6 + 9	4 - 3	15 - 7	13 - 8
17 - 8	7 + 2	6 + 5	6 + 2	10 - 7	15 - 8	18 - 9	5 - 3	11 - 3
13 - 6	16 - 9	3 + 8	14 - 7	4 + 6	9 - 4	10 - 5	5 + 8	9 + 6
8 + 8	4 + 2	6 + 3	7 - 6	1 + 2	2 + 5	5 + 1	15 - 6	8 - 6
8 + 5	4 - 2	9 + 9	6 + 4	11 - 4	9 - 6	8 - 2	3 + 3	5 - 4
3 + 1	7 - 3	8 + 4	4 + 1	7 + 6	2 + 8	2 + 4	6 - 3	11 - 7
3 + 2	4 + 3	7 + 1	6 + 8	11 - 6	10 - 3	13 - 7	6 - 4	3 + 7
9 - 3	6 + 1	8 + 3	16 - 8	11 - 8	2 + 2	12 - 9	8 - 7	2 + 3
12 - 6	4 + 7	2 + 7	2 + 6	3 + 5	9 + 4	7 + 5	4 + 8	7 - 4

DATE__________ START_______ FINISH_______ SCORE_____

8 + 6	16 - 8	8 + 2	17 - 9	5 + 5	5 + 2	3 + 3	11 - 9	8 + 4
11 - 5	5 - 2	8 + 9	7 + 2	11 - 3	2 + 5	5 + 7	13 - 6	2 + 2
9 + 4	15 - 7	3 + 1	2 + 6	1 + 5	13 - 7	4 - 3	9 - 2	2 + 3
7 + 6	5 + 6	4 + 3	11 - 2	17 - 8	4 - 2	7 + 8	2 + 7	4 + 7
3 - 2	8 + 7	6 + 2	12 - 5	5 + 4	8 + 3	4 + 4	18 - 9	6 - 5
4 + 6	9 - 4	6 - 4	2 + 4	9 + 8	11 - 7	15 - 8	8 - 3	9 + 3
6 + 4	7 + 3	5 - 4	7 - 5	14 - 6	10 - 6	8 + 8	9 - 5	15 - 9
7 - 3	10 - 1	2 + 1	3 + 6	6 - 3	5 + 3	8 - 4	10 - 8	10 - 7
6 + 7	4 + 9	6 + 9	8 - 2	13 - 4	4 + 2	8 - 7	10 - 4	9 - 8

DATE__________ START______ FINISH______ SCORE____

2 + 8	7 - 6	14 - 7	13 - 6	7 + 1	14 - 5	8 + 6	12 - 9	9 + 8
16 - 7	8 + 2	3 - 2	4 - 2	8 - 4	3 + 2	2 + 2	8 + 7	4 + 5
13 - 8	10 - 2	4 + 8	2 + 6	7 + 7	18 - 9	3 + 4	15 - 8	4 + 6
5 + 8	9 - 4	7 + 2	2 + 7	4 + 7	14 - 8	11 - 7	8 - 5	7 + 4
4 - 3	11 - 3	1 + 7	8 + 3	16 - 9	16 - 8	5 + 2	9 + 2	7 - 2
9 - 8	3 + 5	10 - 6	11 - 8	6 + 2	6 + 1	10 - 9	6 - 4	9 - 1
3 + 1	6 + 4	4 + 2	9 - 6	15 - 6	12 - 6	9 + 1	11 - 6	15 - 9
8 - 3	11 - 5	2 + 9	8 + 4	10 - 8	12 - 8	8 + 5	7 + 5	6 + 3
5 + 9	2 + 4	1 + 5	8 + 9	6 - 2	14 - 6	4 + 3	11 - 9	3 + 7

DATE__________ START_______ FINISH_______ SCORE_____

6 - 4   3 + 7   6 - 5   16 - 7   6 + 5   4 + 2   7 + 6   4 + 8   3 + 2

5 - 3   14 - 8   2 + 9   8 + 6   11 - 4   16 - 9   7 - 4   13 - 4   7 - 6

5 + 8   6 + 8   2 + 1   10 - 2   8 - 5   14 - 6   9 - 3   2 + 5   18 - 9

6 + 3   8 + 3   7 + 8   12 - 4   6 + 2   7 + 1   3 - 2   3 + 5   10 - 6

9 - 1   5 - 4   7 - 3   8 - 4   3 + 8   5 - 2   13 - 8   12 - 6   7 + 5

4 + 5   4 + 7   7 + 3   15 - 7   6 + 6   5 + 5   2 + 4   5 + 2   4 + 3

3 + 6   5 + 6   6 - 3   8 + 8   8 + 2   5 + 3   14 - 5   4 + 6   7 + 2

4 + 9   11 - 5   17 - 9   10 - 4   1 + 4   13 - 7   8 - 3   8 + 1   2 + 6

6 + 9   12 - 8   12 - 7   9 - 6   5 + 7   7 - 2   15 - 8   13 - 5   12 - 5

DATE__________ START______ FINISH______ SCORE____

14	1	1	9	18	2	6	8	3
- 8	+ 6	+ 5	- 3	- 9	+ 5	+ 7	- 5	+ 7
8	15	5	8	8	6	13	7	3
+ 2	- 8	+ 2	+ 4	- 3	+ 6	- 5	- 6	+ 6
8	7	11	11	3	6	9	2	8
+ 7	+ 5	- 3	- 4	+ 9	+ 3	- 2	+ 7	+ 8
9	2	6	10	17	6	12	3	10
- 5	+ 1	+ 2	- 6	- 8	+ 5	- 3	- 2	- 2
9	3	15	12	10	9	6	1	14
- 1	+ 3	- 9	- 7	- 5	+ 8	+ 8	+ 2	- 7
6	9	16	9	11	5	16	13	7
- 4	+ 3	- 9	- 8	- 9	+ 6	- 7	- 6	+ 6
2	1	15	5	11	13	17	9	4
+ 9	+ 8	- 7	- 4	- 7	- 8	- 9	+ 7	- 3
2	5	6	3	16	7	5	4	3
+ 2	+ 8	+ 4	+ 2	- 8	+ 2	+ 1	+ 1	+ 8
5	10	1	4	2	2	7	14	7
- 3	- 7	+ 4	- 2	+ 6	+ 3	+ 7	- 5	- 4

DATE__________ START_______ FINISH_______ SCORE____

3 + 1	6 + 8	13 - 8	4 - 3	3 + 2	7 + 2	16 - 8	4 + 6	7 + 7
9 - 5	16 - 7	11 - 9	2 + 8	4 + 3	8 - 6	8 + 2	6 - 4	6 - 3
3 - 2	6 + 4	13 - 5	11 - 4	12 - 6	14 - 6	5 - 3	4 + 4	18 - 9
8 + 8	8 - 4	7 + 3	6 + 7	5 + 9	17 - 8	7 + 6	3 + 8	8 + 4
12 - 3	6 + 9	5 + 8	6 - 5	7 + 8	12 - 5	15 - 8	9 + 3	1 + 9
8 - 7	5 + 7	8 + 6	13 - 7	2 + 7	7 + 5	12 - 7	4 + 1	10 - 2
17 - 9	2 + 9	3 + 3	7 - 6	10 - 7	7 + 4	8 + 1	2 + 5	5 + 2
9 - 6	3 + 7	9 - 2	16 - 9	5 - 4	8 + 9	11 - 3	4 + 8	5 + 5
12 - 8	6 + 2	10 - 4	8 - 2	9 - 4	6 + 5	8 + 7	13 - 9	4 - 2

DATE__________ START______ FINISH______ SCORE____

9 + 6	7 - 5	16 - 9	6 + 2	15 - 7	12 - 5	17 - 8	1 + 8	8 + 6
6 - 4	8 + 8	9 - 8	6 + 6	1 + 5	8 + 4	11 - 3	4 - 3	4 + 2
1 + 2	9 - 0	12 - 6	5 + 3	18 - 9	15 - 6	14 - 9	15 - 8	7 - 3
4 + 5	3 + 4	11 - 6	6 + 3	9 + 3	10 - 5	7 + 2	8 + 1	5 - 2
7 + 8	3 + 2	5 + 4	6 + 5	3 + 5	9 + 2	5 + 6	15 - 9	3 + 6
16 - 8	3 - 2	7 + 4	13 - 6	9 + 4	8 - 6	17 - 9	9 + 8	10 - 6
6 + 8	16 - 7	5 + 5	12 - 3	5 + 1	4 + 6	3 + 9	10 - 4	6 - 3
8 + 2	1 + 4	13 - 5	6 - 5	5 + 8	8 - 4	12 - 4	7 + 6	7 + 7
4 - 2	11 - 5	4 + 7	8 - 5	5 - 3	3 + 8	2 + 5	13 - 8	13 - 9

DATE__________ START______ FINISH______ SCORE____

5	4	8	4	8	16	3	5	4
+ 5	- 3	+ 7	+ 4	+ 8	- 8	+ 2	- 4	+ 2
6	6	8	8	2	18	4	10	10
+ 2	- 2	+ 6	- 5	+ 8	- 9	- 2	- 2	- 4
6	6	15	7	13	2	17	5	6
+ 7	+ 6	- 9	- 6	- 4	+ 9	- 9	+ 1	- 4
3	1	3	2	5	15	6	4	8
+ 8	+ 1	+ 6	+ 5	+ 8	- 7	+ 1	+ 8	- 7
13	8	8	8	16	13	6	9	1
- 9	+ 9	+ 4	+ 2	- 9	- 7	+ 5	- 6	+ 3
5	5	5	12	6	3	2	15	14
+ 3	- 3	- 2	- 6	+ 4	- 2	+ 4	- 8	- 6
1	9	11	13	14	12	2	10	6
+ 4	- 3	- 6	- 6	- 9	- 7	+ 3	- 8	- 3
9	9	1	8	9	1	4	7	7
+ 7	- 8	+ 2	- 4	+ 5	+ 6	+ 5	+ 8	+ 6
4	8	9	14	3	8	13	9	8
+ 9	+ 1	+ 3	- 8	+ 1	- 6	- 5	- 4	- 3

DATE__________ START______ FINISH______ SCORE____

5 + 4	6 + 4	7 + 8	5 - 2	15 - 8	12 - 4	14 - 8	11 - 3	6 - 5
15 - 7	4 + 6	6 - 4	17 - 8	16 - 8	5 - 3	1 + 7	2 + 5	8 + 1
1 + 2	2 + 3	13 - 5	3 - 2	6 - 2	9 + 6	4 + 9	6 + 7	7 + 2
8 + 2	7 + 3	6 + 5	13 - 8	2 + 6	7 + 7	9 + 5	11 - 6	15 - 6
14 - 7	5 - 4	12 - 8	9 - 3	16 - 9	2 + 7	4 + 3	5 + 5	3 + 2
9 + 7	18 - 9	12 - 5	3 + 9	16 - 7	12 - 6	6 + 6	11 - 7	8 + 7
1 + 6	3 + 3	5 + 1	8 + 6	14 - 9	2 + 9	17 - 9	8 + 4	9 + 3
4 - 3	15 - 9	13 - 7	1 + 1	6 - 3	8 + 5	13 - 6	7 - 4	6 + 2
4 + 7	10 - 2	7 + 4	11 - 8	7 + 1	8 - 6	3 + 1	9 - 8	11 - 9

DATE__________ START______ FINISH______ SCORE____

8 - 5	12 - 4	6 + 2	4 + 7	7 - 5	9 - 5	3 + 4	17 - 9	6 + 6
1 + 4	7 + 4	6 - 5	16 - 8	3 + 8	8 - 7	3 + 3	2 + 1	12 - 5
5 - 2	15 - 8	5 + 7	13 - 6	1 + 6	1 + 3	3 + 2	14 - 7	14 - 8
4 - 3	9 - 7	8 + 3	10 - 5	7 - 4	11 - 3	17 - 8	7 + 8	5 + 1
18 - 9	16 - 7	5 + 8	15 - 9	15 - 7	7 + 2	8 + 8	3 + 6	2 + 4
7 + 5	5 - 3	3 + 5	8 + 7	13 - 4	7 + 6	7 - 2	3 - 2	4 + 9
11 - 2	5 + 4	12 - 8	4 + 3	1 + 8	6 + 7	2 + 8	12 - 6	4 + 4
16 - 9	11 - 7	2 + 2	10 - 3	5 - 4	9 + 7	9 - 4	4 + 8	8 + 4
7 - 3	11 - 8	13 - 8	8 - 3	5 + 2	6 + 3	5 + 3	4 + 5	1 + 5

DATE__________ START_______ FINISH_______ SCORE_____

3	4	10	3	7	7	10	3	2
- 2	+ 7	- 2	+ 5	+ 5	- 5	- 4	+ 4	+ 4
4	15	8	13	5	10	7	16	10
+ 5	- 6	- 3	- 9	+ 8	- 7	+ 8	- 7	- 9
15	8	8	7	13	8	15	5	15
- 7	+ 5	+ 6	+ 3	- 5	+ 4	- 8	+ 5	- 9
5	6	14	3	6	6	6	5	2
- 4	+ 4	- 5	+ 2	+ 1	+ 3	- 4	+ 6	+ 5
8	17	8	4	6	8	4	2	3
- 7	- 9	+ 9	- 3	- 5	+ 3	+ 8	+ 1	+ 6
11	6	9	10	11	7	4	4	3
- 4	+ 8	+ 6	- 1	- 3	+ 9	- 2	+ 4	+ 7
17	14	9	4	6	12	7	2	5
- 8	- 6	+ 3	+ 3	+ 6	- 4	+ 1	+ 6	- 3
12	9	1	18	3	12	9	8	5
- 3	- 7	+ 6	- 9	+ 8	- 6	+ 8	- 2	+ 4
9	2	14	9	12	7	10	1	8
- 6	+ 8	- 7	+ 5	- 7	- 3	- 3	+ 4	- 6

DATE__________ START_______ FINISH_______ SCORE_____

11 - 3   8 - 2   17 - 8   18 - 9   7 - 5   11 - 8   9 + 7   12 - 8   1 + 4

6 + 8   3 + 4   8 - 3   13 - 7   4 - 3   8 + 9   5 + 2   14 - 7   12 - 7

1 + 6   3 + 2   4 + 2   16 - 8   6 - 3   4 + 1   7 + 3   17 - 9   15 - 8

13 - 4   1 + 5   2 + 7   3 + 8   6 - 4   10 - 8   7 - 3   5 + 8   13 - 5

6 - 5   4 + 7   5 + 3   7 + 2   4 + 3   7 + 4   7 - 6   12 - 5   2 + 3

8 + 4   9 - 4   8 + 6   9 - 3   10 - 3   5 + 4   16 - 9   7 + 7   9 - 1

14 - 6   5 + 7   9 - 5   3 + 9   8 - 7   10 - 5   7 + 5   4 + 6   12 - 4

6 + 3   9 - 2   2 + 9   7 + 1   10 - 2   2 + 2   3 + 6   8 + 3   10 - 6

2 + 4   11 - 5   5 + 6   6 + 2   7 + 6   15 - 7   9 + 5   12 - 9   6 + 6

DATE__________ START______ FINISH______ SCORE____

9 - 0	12 - 7	1 + 8	8 + 8	9 + 7	4 - 3	11 - 4	10 - 7	4 + 8
4 + 7	13 - 6	2 + 6	4 + 6	6 + 5	2 + 4	7 - 4	4 + 1	3 + 6
8 + 4	17 - 8	14 - 9	2 + 5	4 + 4	5 + 4	12 - 6	10 - 2	15 - 7
15 - 6	3 + 4	10 - 6	7 + 3	8 + 7	3 - 2	6 + 6	7 - 3	13 - 8
13 - 4	8 - 4	18 - 9	16 - 8	13 - 7	4 + 5	17 - 9	5 - 4	3 + 9
6 + 2	6 + 9	6 - 5	5 + 5	1 + 4	7 - 2	7 + 4	15 - 9	4 + 2
5 + 8	4 + 9	5 + 7	3 + 2	8 + 3	16 - 9	9 + 5	11 - 8	11 - 5
9 + 3	3 + 5	12 - 9	5 - 2	3 + 7	9 - 4	2 + 3	14 - 8	16 - 7
5 + 9	5 + 2	7 + 6	5 - 3	15 - 8	1 + 6	9 - 6	6 - 4	12 - 8

DATE__________ START_______ FINISH_______ SCORE_____

13 - 9	5 - 2	18 - 9	13 - 5	12 - 8	17 - 8	14 - 7	2 + 9	7 + 5
4 + 4	8 + 7	10 - 9	6 - 3	12 - 4	3 + 3	3 + 7	8 + 2	6 + 8
6 + 5	1 + 2	10 - 3	5 + 1	5 + 3	5 - 3	2 + 7	5 + 2	8 - 5
9 - 1	8 - 6	3 - 2	13 - 4	16 - 9	5 + 9	3 + 8	8 + 3	8 + 8
4 + 8	4 + 7	7 + 3	5 + 5	3 + 2	6 + 4	6 - 4	5 + 7	7 - 6
11 - 7	3 + 6	6 + 6	1 + 8	2 + 4	9 + 7	17 - 9	9 - 4	4 + 5
7 + 8	4 - 2	4 + 2	6 + 3	8 - 3	2 + 1	9 - 8	3 + 4	5 - 4
2 + 5	6 + 7	8 - 4	12 - 5	15 - 8	6 - 5	3 + 9	8 + 9	5 + 8
11 - 8	11 - 6	15 - 7	12 - 7	16 - 8	4 - 3	10 - 6	13 - 7	14 - 9

DATE__________ START_______ FINISH_______ SCORE_____

10	7	17	8	8	11	6	2	2
- 2	- 4	- 9	- 5	+ 7	- 3	+ 3	+ 3	+ 8
9	7	5	8	16	6	18	14	1
- 2	+ 6	- 4	+ 4	- 9	- 3	- 9	- 6	+ 5
7	2	14	3	10	9	7	8	16
+ 8	+ 7	- 9	+ 7	- 1	- 5	+ 4	+ 5	- 7
1	6	6	12	5	4	5	7	6
+ 6	- 4	+ 1	- 5	+ 2	+ 4	+ 4	+ 2	+ 4
6	3	13	1	10	4	9	5	7
- 2	- 2	- 8	+ 7	- 3	- 3	+ 1	- 3	+ 7
12	8	17	5	4	16	10	9	6
- 6	+ 2	- 8	- 2	- 2	- 8	- 6	+ 7	- 5
5	5	1	14	12	4	12	4	13
+ 6	+ 5	+ 8	- 8	- 4	+ 6	- 8	+ 7	- 9
1	2	3	8	4	10	7	3	7
+ 3	+ 5	+ 4	- 6	+ 2	- 7	+ 5	+ 2	- 6
4	15	3	11	3	6	6	9	8
+ 1	- 7	+ 5	- 2	+ 8	+ 9	+ 6	+ 5	- 4

DATE__________ START_______ FINISH_______ SCORE_____

3 + 8	3 + 2	5 + 3	11 - 4	1 + 7	7 + 7	4 + 8	9 - 1	13 - 4
6 - 3	5 - 3	6 + 5	8 + 2	14 - 8	4 - 3	8 + 3	7 + 4	9 + 3
6 + 8	14 - 6	7 + 2	13 - 8	7 + 6	3 - 2	6 + 2	5 - 4	16 - 8
2 + 6	16 - 9	11 - 3	7 + 3	8 - 6	17 - 8	4 + 2	3 + 9	3 + 4
8 - 7	3 + 3	6 + 1	10 - 3	14 - 7	15 - 6	9 - 7	13 - 9	6 - 4
11 - 9	7 - 2	10 - 4	9 - 3	6 + 7	6 - 5	15 - 7	5 + 8	8 + 1
4 - 2	12 - 8	5 + 6	9 + 2	2 + 4	6 + 9	11 - 2	7 + 9	13 - 6
5 + 7	12 - 6	8 + 8	8 - 5	1 + 4	2 + 2	9 - 6	8 + 7	15 - 8
12 - 7	8 + 6	9 + 6	5 + 4	10 - 7	2 + 8	4 + 4	12 - 5	6 + 6

DATE________ START______ FINISH______ SCORE____

16 - 8	17 - 8	7 - 5	12 - 6	6 + 3	6 + 4	3 + 7	9 - 4	9 + 6
2 + 2	3 + 3	6 + 7	5 + 2	4 + 2	6 - 2	4 + 4	2 + 3	8 + 2
8 + 7	2 + 6	5 + 8	8 + 1	16 - 7	7 + 5	3 + 4	9 + 4	3 - 2
9 - 8	2 + 8	15 - 8	5 + 5	8 - 7	18 - 9	9 + 3	14 - 5	10 - 2
8 + 8	3 + 6	2 + 4	5 + 1	14 - 7	5 - 4	7 + 1	6 - 3	2 + 1
7 + 2	13 - 8	8 + 4	10 - 8	9 + 1	12 - 3	7 - 3	4 + 3	2 + 7
8 + 5	7 + 7	7 - 4	1 + 8	12 - 5	5 - 3	4 + 8	12 - 4	8 - 5
4 - 3	10 - 7	10 - 4	17 - 9	15 - 9	9 - 3	11 - 5	4 - 2	7 - 6
16 - 9	7 + 6	15 - 7	13 - 9	3 + 2	7 + 8	8 + 3	10 - 5	12 - 7

DATE__________ START_______ FINISH_______ SCORE_____

5 + 9	1 + 3	17 - 9	3 + 4	15 - 6	7 - 5	10 - 1	3 - 2	16 - 9
2 + 5	6 + 2	7 + 5	16 - 8	14 - 5	12 - 6	4 - 3	13 - 8	12 - 7
4 + 1	13 - 7	4 + 3	9 + 4	17 - 8	6 - 3	10 - 4	5 + 8	5 + 1
4 + 5	7 - 6	4 + 7	13 - 9	15 - 9	3 + 2	8 + 2	10 - 3	7 - 2
6 + 4	9 - 1	3 + 7	6 + 3	8 - 6	2 + 4	9 + 6	7 + 1	11 - 8
8 + 6	5 - 3	3 + 1	9 - 6	4 + 2	10 - 6	6 + 5	11 - 5	8 + 5
11 - 4	4 - 2	14 - 7	13 - 5	2 + 2	7 - 3	5 + 5	5 + 4	5 + 7
8 + 8	16 - 7	8 + 3	9 + 2	3 + 6	8 - 3	2 + 8	2 + 3	14 - 6
8 + 4	8 - 5	15 - 7	7 + 3	6 + 8	9 + 5	11 - 7	11 - 2	5 + 6

DATE__________ START______ FINISH______ SCORE____

8 - 6	3 - 2	15 - 7	4 + 1	6 + 8	12 - 6	9 - 3	4 + 2	6 - 5
4 + 5	18 - 9	14 - 8	11 - 3	12 - 8	8 + 5	7 + 6	11 - 2	5 + 2
9 - 2	3 + 1	7 + 5	7 - 5	15 - 8	6 + 2	8 + 1	7 + 8	11 - 5
2 + 7	8 - 5	5 - 3	16 - 8	7 - 4	17 - 9	7 - 3	2 + 2	7 + 2
11 - 4	8 + 6	3 + 2	9 - 5	6 + 7	13 - 8	16 - 9	12 - 4	8 - 2
6 + 3	9 + 4	1 + 2	1 + 3	10 - 1	3 + 8	9 + 3	4 + 3	14 - 5
1 + 5	14 - 7	1 + 6	6 - 4	11 - 8	4 + 7	7 + 1	5 + 9	8 + 4
14 - 6	6 - 2	10 - 6	3 + 5	7 + 7	8 - 3	6 + 6	15 - 6	11 - 6
3 + 3	9 + 8	2 + 6	3 + 9	13 - 5	9 + 6	5 - 4	2 + 3	4 + 4

ANSWERS

8 + 2 10	10 - 7 3	2 + 9 11	5 + 8 13	8 + 8 16	10 - 2 8	4 - 3 1	3 + 1 4	8 - 3 5
8 + 3 11	5 + 4 9	5 - 4 1	17 - 9 8	4 - 2 2	11 - 9 2	14 - 6 8	11 - 5 6	4 + 5 9
9 + 5 14	16 - 7 9	16 - 9 7	7 + 3 10	9 - 7 2	8 + 7 15	9 + 8 17	7 + 8 15	12 - 6 6
4 + 3 7	8 + 6 14	15 - 9 6	18 - 9 9	2 + 6 8	11 - 4 7	8 + 5 13	4 + 1 5	15 - 8 7
9 - 3 6	2 + 2 4	4 + 4 8	13 - 6 7	9 + 6 15	1 + 7 8	6 + 8 14	5 - 3 2	7 - 3 4
5 - 2 3	4 + 2 6	11 - 8 3	2 + 4 6	13 - 5 8	8 - 4 4	3 + 6 9	5 + 1 6	16 - 8 8
3 + 3 6	9 - 6 3	8 - 7 1	2 + 8 10	3 + 5 8	4 + 6 10	12 - 8 4	9 + 2 11	13 - 4 9
13 - 7 6	1 + 3 4	3 + 7 10	13 - 8 5	14 - 9 5	7 + 5 12	6 + 2 8	2 + 3 5	12 - 5 7
8 - 6 2	1 + 2 3	5 + 2 7	10 - 6 4	6 - 5 1	6 + 9 15	6 - 2 4	14 - 5 9	3 + 8 11

3

2 + 2 4	8 - 7 1	10 - 2 8	4 + 8 12	11 - 2 9	9 - 4 5	5 - 4 1	3 + 3 6	14 - 8 6
5 + 2 7	5 - 2 3	6 - 2 4	9 - 2 7	12 - 5 7	14 - 7 7	3 - 2 1	5 + 3 8	8 + 6 14
17 - 9 8	4 - 3 1	7 - 5 2	8 - 6 2	8 - 4 4	3 + 7 10	11 - 4 7	6 - 5 1	11 - 3 8
17 - 8 9	14 - 6 8	8 - 2 6	9 + 2 11	2 + 3 5	8 + 8 16	18 - 9 9	7 + 6 13	6 - 4 2
9 + 4 13	2 + 4 6	10 - 3 7	3 + 6 9	3 + 1 4	5 + 4 9	7 + 1 8	12 - 7 5	1 + 9 10
2 + 8 10	13 - 4 9	9 + 5 14	7 + 4 11	13 - 6 7	7 + 5 12	1 + 6 7	3 + 5 8	4 - 2 2
16 - 7 9	6 - 3 3	8 + 9 17	6 + 4 10	3 + 8 11	15 - 8 7	7 + 8 15	4 + 9 13	1 + 8 9
1 + 7 8	9 + 8 17	12 - 6 6	2 + 5 7	6 + 5 11	7 + 7 14	7 - 2 5	9 - 7 2	6 + 8 14
4 + 6 10	9 - 5 4	13 - 7 6	7 + 3 10	11 - 5 6	8 + 2 10	13 - 8 5	4 + 2 6	5 + 1 6

4

7 + 8 15	4 - 2 2	10 - 7 3	8 + 4 12	18 - 9 9	7 - 5 2	6 + 9 15	5 + 2 7	17 - 8 9
4 + 3 7	7 + 4 11	13 - 8 5	6 + 5 11	12 - 8 4	3 - 2 1	13 - 7 6	3 + 5 8	15 - 9 6
5 + 7 12	2 + 3 5	11 - 7 4	12 - 5 7	15 - 8 7	10 - 8 2	9 - 4 5	8 - 2 6	5 + 5 10
1 + 3 4	4 + 9 13	6 + 7 13	5 + 4 9	3 + 6 9	7 + 5 12	10 - 5 5	17 - 9 8	4 + 4 8
7 + 7 14	10 - 2 8	5 + 8 13	6 - 5 1	11 - 3 8	6 - 3 3	11 - 5 6	4 + 2 6	9 + 9 18
9 - 1 8	7 + 6 13	8 + 2 10	8 + 5 13	14 - 7 7	8 - 7 1	6 + 8 14	8 + 3 11	9 - 6 3
6 + 2 8	8 - 5 3	12 - 7 5	2 + 7 9	2 + 1 3	11 - 6 5	16 - 7 9	5 + 6 11	12 - 4 8
8 + 6 14	6 + 6 12	5 + 3 8	6 - 4 2	9 - 0 9	11 - 8 3	2 + 4 6	9 - 7 2	9 + 6 15
2 + 6 8	8 + 9 17	1 + 8 9	14 - 8 6	5 + 9 14	7 - 4 3	13 - 6 7	7 + 2 9	10 - 6 4

5

7 - 4 3	14 - 8 6	5 + 4 9	8 + 1 9	7 + 8 15	9 + 2 11	9 + 4 13	4 + 7 11	4 + 1 5
8 - 3 5	16 - 7 9	9 - 8 1	3 + 9 12	6 + 4 10	14 - 7 7	6 + 6 12	6 + 7 13	3 - 2 1
13 - 9 4	16 - 8 8	17 - 8 9	16 - 9 7	13 - 8 5	17 - 9 8	7 + 4 11	15 - 9 6	4 + 9 13
8 + 6 14	2 + 8 10	6 - 4 2	6 + 2 8	4 - 2 2	1 + 2 3	7 + 2 9	18 - 9 9	4 + 5 9
11 - 9 2	2 + 7 9	10 - 3 7	7 - 5 2	5 - 2 3	11 - 7 4	3 + 8 11	12 - 5 7	8 + 5 13
5 + 6 11	6 + 5 11	5 + 1 6	6 - 3 3	6 + 1 7	2 + 4 6	6 - 5 1	3 + 5 8	2 + 3 5
12 - 3 9	8 + 4 12	4 + 2 6	7 + 6 13	14 - 6 8	15 - 7 8	5 + 3 8	9 - 5 4	5 + 5 10
7 - 3 4	13 - 4 9	3 + 6 9	7 + 7 14	13 - 5 8	12 - 8 4	5 - 3 2	6 + 3 9	7 + 9 16
15 - 8 7	3 + 3 6	14 - 5 9	15 - 6 9	10 - 6 4	13 - 7 6	8 + 8 16	7 - 2 5	3 + 4 7

6

12 - 7 5	8 + 4 12	8 + 3 11	7 - 5 2	13 - 7 6	4 + 5 9	8 + 2 10	1 + 8 9	3 - 2 1
3 + 5 8	7 - 4 3	12 - 5 7	9 - 3 6	11 - 4 7	8 + 8 16	7 + 6 13	8 + 6 14	6 - 4 2
17 - 9 8	3 + 3 6	12 - 8 4	17 - 8 9	8 - 6 2	18 - 9 9	14 - 7 7	13 - 8 5	1 + 3 4
16 - 8 8	15 - 8 7	6 - 5 1	10 - 4 6	4 + 2 6	6 + 8 14	8 + 5 13	9 + 2 11	15 - 6 9
7 + 4 11	5 - 2 3	6 + 2 8	5 - 3 2	2 + 9 11	4 - 2 2	5 + 6 11	4 + 4 8	3 + 8 11
6 - 3 3	3 + 6 9	11 - 3 8	9 - 2 7	4 + 7 11	1 + 7 8	6 + 4 10	15 - 9 6	9 - 6 3
6 + 5 11	3 + 7 10	9 - 8 1	9 + 4 13	9 + 8 17	5 + 5 10	11 - 5 6	2 + 4 6	4 - 3 1
7 - 3 4	7 + 5 12	4 + 3 7	2 + 6 8	16 - 9 7	15 - 7 8	14 - 8 6	7 + 3 10	4 + 8 12
5 + 4 9	8 - 4 4	9 + 5 14	12 - 4 8	13 - 5 8	8 + 7 15	1 + 5 6	2 + 8 10	14 - 6 8

7

12 - 9 3	16 - 9 7	4 + 5 9	8 + 1 9	4 + 8 12	3 + 2 5	10 - 4 6	8 + 8 16	9 + 6 15
12 - 4 8	4 + 6 10	15 - 7 8	7 - 5 2	6 + 4 10	4 - 3 1	13 - 7 6	15 - 6 9	6 + 6 12
8 - 5 3	1 + 4 5	5 + 5 10	8 + 2 10	2 + 2 4	2 + 3 5	14 - 8 6	3 + 7 10	7 - 6 1
1 + 8 9	6 + 8 14	13 - 6 7	5 + 8 13	4 + 4 8	1 + 3 4	1 + 5 6	5 + 4 9	6 - 4 2
11 - 4 7	3 - 2 1	9 - 6 3	3 + 4 7	8 - 4 4	6 + 9 15	5 - 4 1	6 - 2 4	15 - 9 6
6 + 7 13	3 + 6 9	10 - 1 9	11 - 9 2	6 + 3 9	11 - 8 3	8 - 6 2	10 - 5 5	11 - 7 4
7 + 5 12	7 - 2 5	7 + 7 14	9 - 8 1	2 + 5 7	12 - 6 6	13 - 5 8	5 - 3 2	15 - 8 7
2 + 8 10	16 - 7 9	2 + 6 8	2 + 7 9	9 + 4 13	6 + 5 11	7 + 2 9	8 + 3 11	14 - 7 7
9 - 5 4	8 - 7 1	7 + 9 16	9 + 2 11	4 - 2 2	4 + 3 7	11 - 5 6	3 + 5 8	12 - 7 5

8

14 - 9 5	9 - 2 7	7 - 5 2	6 + 4 10	4 + 4 8	9 - 4 5	14 - 5 9	1 + 8 9	12 - 9 3
15 - 7 8	8 + 7 15	8 + 5 13	13 - 7 6	3 - 2 1	7 + 2 9	6 - 3 3	5 - 3 2	7 - 4 3
9 + 4 13	3 + 5 8	16 - 8 8	5 - 2 3	8 + 4 12	3 + 6 9	7 - 3 4	6 + 2 8	10 - 3 7
13 - 4 9	5 + 8 13	8 + 8 16	4 + 2 6	2 + 3 5	12 - 6 6	7 + 9 16	8 + 2 10	16 - 9 7
7 + 1 8	5 + 6 11	8 - 6 2	1 + 7 8	9 - 7 2	15 - 8 7	2 + 1 3	9 - 8 1	3 + 4 7
3 + 7 10	2 + 7 9	5 - 4 1	3 + 8 11	14 - 6 8	5 + 5 10	9 - 5 4	5 + 2 7	11 - 7 4
6 + 6 12	11 - 4 7	8 - 4 4	7 + 7 14	17 - 9 8	6 + 3 9	16 - 7 9	12 - 7 5	8 + 3 11
3 + 1 4	13 - 6 7	10 - 7 3	7 - 6 1	9 + 5 14	6 + 5 11	1 + 4 5	9 + 1 10	6 - 5 1
2 + 2 4	1 + 9 10	7 + 3 10	1 + 5 6	10 - 8 2	2 + 5 7	8 - 7 1	4 - 3 1	9 - 6 3

9

13 - 5 8	6 + 4 10	2 + 4 6	5 + 8 13	5 + 4 9	6 + 5 11	9 - 1 8	8 + 9 17	7 + 7 14
3 - 2 1	3 + 6 9	3 + 3 6	6 + 8 14	8 + 6 14	9 - 8 1	17 - 8 9	2 + 5 7	2 + 8 10
3 + 4 7	4 + 3 7	5 - 3 2	13 - 7 6	7 + 4 11	2 + 6 8	16 - 7 9	1 + 2 3	14 - 8 6
5 + 7 12	11 - 8 3	8 + 8 16	12 - 8 4	18 - 9 9	10 - 3 7	4 - 2 2	4 + 5 9	14 - 6 8
5 - 4 1	6 + 3 9	17 - 9 8	7 - 5 2	4 - 3 1	6 + 9 15	3 + 7 10	9 - 5 4	11 - 3 8
6 + 2 8	9 - 2 7	9 + 4 13	7 + 2 9	7 - 3 4	16 - 8 8	14 - 7 7	5 + 1 6	5 + 3 8
12 - 5 7	4 + 4 8	6 - 2 4	1 + 7 8	7 - 4 3	1 + 1 2	9 + 1 10	9 - 7 2	11 - 5 6
8 + 4 12	5 + 2 7	1 + 6 7	10 - 5 5	6 - 5 1	10 - 4 6	2 + 2 4	7 + 9 16	9 - 3 6
9 + 2 11	14 - 9 5	9 - 6 3	4 + 9 13	10 - 8 2	8 - 7 1	12 - 9 3	3 + 1 4	10 - 7 3

10

9 + 8 17	4 + 6 10	7 + 7 14	5 - 4 1	2 + 2 4	5 + 3 8	4 - 3 1	8 - 7 1	16 - 7 9
2 + 1 3	3 + 9 12	3 - 2 1	3 + 6 9	5 - 3 2	5 + 6 11	10 - 7 3	9 + 4 13	9 + 3 12
3 + 3 6	6 + 1 7	6 + 8 14	9 - 6 3	15 - 8 7	1 + 7 8	9 + 6 15	5 + 8 13	6 - 4 2
10 - 6 4	9 - 5 4	3 + 7 10	6 - 2 4	4 + 5 9	17 - 8 9	15 - 7 8	13 - 6 7	13 - 9 4
9 - 1 8	2 + 6 8	9 - 4 5	7 - 6 1	11 - 5 6	8 + 8 16	4 + 3 7	9 + 2 11	3 + 4 7
1 + 6 7	5 + 4 9	13 - 5 8	7 - 4 3	18 - 9 9	8 + 5 13	4 - 2 2	13 - 8 5	6 + 3 9
2 + 7 9	2 + 8 10	6 - 5 1	6 + 7 13	8 + 2 10	13 - 7 6	17 - 9 8	5 + 2 7	5 + 7 12
5 + 5 10	7 - 5 2	10 - 4 6	11 - 7 4	6 + 2 8	7 - 3 4	9 + 7 16	10 - 3 7	15 - 9 6
12 - 6 6	14 - 7 7	14 - 6 8	3 + 5 8	1 + 5 6	6 + 4 10	7 + 4 11	16 - 8 8	13 - 4 9

11

9 + 5 14	2 + 5 7	4 + 6 10	16 - 9 7	7 + 2 9	14 - 8 6	14 - 5 9	13 - 8 5	4 + 7 11
3 - 2 1	5 + 2 7	6 + 9 15	16 - 8 8	11 - 8 3	2 + 6 8	2 + 2 4	3 + 7 10	4 + 1 5
7 - 6 1	9 + 3 12	4 + 2 6	18 - 9 9	3 + 5 8	10 - 2 8	7 - 4 3	9 - 5 4	2 + 8 10
10 - 7 3	4 + 5 9	11 - 6 5	7 + 6 13	1 + 4 5	5 + 3 8	4 - 2 2	12 - 4 8	3 + 4 7
5 + 5 10	12 - 3 9	11 - 3 8	5 + 7 12	5 + 4 9	6 - 3 3	14 - 6 8	17 - 9 8	7 - 5 2
5 + 1 6	7 + 4 11	7 + 3 10	6 + 5 11	6 + 1 7	7 - 3 4	15 - 9 6	3 + 8 11	6 + 3 9
16 - 7 9	6 + 7 13	6 + 2 8	10 - 4 6	12 - 6 6	10 - 8 2	15 - 7 8	3 + 2 5	1 + 7 8
8 + 7 15	5 - 4 1	7 + 1 8	4 + 8 12	9 - 1 8	3 + 3 6	4 - 3 1	13 - 9 4	12 - 9 3
8 + 6 14	12 - 5 7	7 - 2 5	12 - 7 5	5 - 3 2	13 - 6 7	6 + 6 12	1 + 5 6	10 - 1 9

12

10 - 2 8	8 - 6 2	6 + 2 8	13 - 8 5	3 + 5 8	16 - 9 7	6 + 7 13	2 + 1 3	7 + 8 15
7 + 3 10	9 - 0 9	14 - 6 8	3 + 2 5	14 - 9 5	13 - 5 8	7 - 4 3	8 - 5 3	5 - 3 2
8 + 6 14	7 - 6 1	18 - 9 9	8 - 7 1	9 - 5 4	2 + 4 6	6 - 4 2	11 - 5 6	12 - 6 6
8 - 4 4	16 - 8 8	4 + 7 11	15 - 8 7	8 + 3 11	11 - 9 2	1 + 3 4	14 - 7 7	8 + 2 10
17 - 9 8	11 - 3 8	12 - 4 8	8 + 4 12	5 - 4 1	3 + 6 9	10 - 6 4	1 + 9 10	5 + 2 7
11 - 6 5	6 + 3 9	10 - 5 5	8 - 3 5	5 + 5 10	3 + 4 7	5 + 9 14	7 + 2 9	7 + 5 12
1 + 1 2	4 + 6 10	2 + 9 11	4 + 4 8	8 + 7 15	4 - 2 2	2 + 6 8	9 + 9 18	7 - 5 2
8 + 9 17	7 + 1 8	5 + 7 12	3 + 3 6	16 - 7 9	9 + 1 10	6 + 5 11	9 - 2 7	3 + 9 12
13 - 6 7	9 - 8 1	9 - 1 8	8 + 5 13	1 + 4 5	5 + 6 11	4 + 1 5	3 - 2 1	15 - 6 9

13

5 + 7 12	2 + 5 7	8 - 4 4	9 - 2 7	10 - 3 7	5 + 1 6	6 + 1 7	6 + 4 10	8 + 8 16
8 + 2 10	1 + 7 8	13 - 6 7	18 - 9 9	3 + 1 4	7 + 5 12	6 + 8 14	6 + 9 15	15 - 7 8
7 + 4 11	14 - 5 9	14 - 8 6	5 + 6 11	8 - 6 2	4 + 7 11	9 + 7 16	7 - 3 4	16 - 8 8
1 + 4 5	4 + 1 5	10 - 2 8	13 - 5 8	16 - 7 9	3 + 2 5	4 - 2 2	5 + 5 10	11 - 4 7
9 - 4 5	12 - 4 8	3 + 3 6	4 - 3 1	3 - 2 1	8 + 4 12	10 - 8 2	4 + 9 13	6 - 3 3
14 - 7 7	2 + 2 4	13 - 7 6	10 - 7 3	11 - 6 5	8 + 5 13	8 - 7 1	9 + 8 17	1 + 3 4
5 + 9 14	11 - 3 8	9 + 2 11	9 + 1 10	2 + 3 5	6 - 2 4	10 - 6 4	9 - 8 1	7 + 8 15
11 - 7 4	7 + 7 14	11 - 8 3	4 + 5 9	12 - 6 6	2 + 9 11	7 + 1 8	4 + 4 8	12 - 9 3
6 + 6 12	17 - 9 8	8 + 3 11	16 - 9 7	6 - 4 2	5 - 4 1	2 + 8 10	8 + 1 9	7 - 6 1

14

2 + 4 = 6	8 + 5 = 13	5 + 2 = 7	4 + 5 = 9	4 + 3 = 7	7 - 2 = 5	6 - 4 = 2	17 - 8 = 9	10 - 4 = 6
10 - 5 = 5	14 - 8 = 6	12 - 7 = 5	16 - 7 = 9	1 + 6 = 7	11 - 8 = 3	13 - 5 = 8	3 + 7 = 10	5 + 7 = 12
2 + 7 = 9	13 - 4 = 9	4 + 8 = 12	7 - 5 = 2	18 - 9 = 9	9 + 9 = 18	6 + 2 = 8	7 + 7 = 14	8 + 9 = 17
8 + 3 = 11	15 - 9 = 6	11 - 4 = 7	8 + 4 = 12	3 + 9 = 12	12 - 9 = 3	7 + 5 = 12	16 - 8 = 8	15 - 8 = 7
14 - 7 = 7	11 - 7 = 4	2 + 3 = 5	3 + 8 = 11	9 - 8 = 1	6 + 3 = 9	12 - 5 = 7	6 - 2 = 4	7 + 3 = 10
4 + 9 = 13	8 - 5 = 3	11 - 3 = 8	4 + 7 = 11	12 - 8 = 4	6 + 4 = 10	16 - 9 = 7	11 - 5 = 6	7 + 8 = 15
5 + 5 = 10	9 + 6 = 15	6 + 9 = 15	9 + 1 = 10	6 + 7 = 13	4 - 3 = 1	10 - 6 = 4	6 + 1 = 7	14 - 9 = 5
17 - 9 = 8	7 - 6 = 1	6 + 8 = 14	9 - 3 = 6	1 + 5 = 6	2 + 6 = 8	12 - 3 = 9	5 + 3 = 8	6 - 3 = 3
7 - 3 = 4	3 + 2 = 5	3 + 4 = 7	12 - 4 = 8	10 - 7 = 3	2 + 5 = 7	4 + 4 = 8	6 + 5 = 11	10 - 1 = 9

15

8 + 5 = 13	6 + 7 = 13	8 - 6 = 2	2 + 1 = 3	8 + 7 = 15	16 - 9 = 7	5 + 4 = 9	5 + 6 = 11	5 + 2 = 7
8 + 9 = 17	5 + 5 = 10	7 + 3 = 10	12 - 7 = 5	14 - 8 = 6	7 + 7 = 14	8 + 8 = 16	5 - 4 = 1	2 + 4 = 6
6 + 3 = 9	6 + 8 = 14	9 - 1 = 8	8 - 5 = 3	7 - 4 = 3	17 - 9 = 8	3 + 4 = 7	4 + 7 = 11	11 - 9 = 2
11 - 3 = 8	11 - 4 = 7	17 - 8 = 9	8 + 3 = 11	10 - 5 = 5	10 - 7 = 3	8 + 2 = 10	6 + 6 = 12	4 - 2 = 2
6 + 4 = 10	6 - 2 = 4	1 + 4 = 5	14 - 6 = 8	18 - 9 = 9	5 + 3 = 8	3 + 6 = 9	9 + 3 = 12	9 + 5 = 14
10 - 1 = 9	14 - 9 = 5	7 - 3 = 4	3 - 2 = 1	9 - 6 = 3	2 + 8 = 10	3 + 5 = 8	6 - 4 = 2	10 - 3 = 7
15 - 7 = 8	13 - 5 = 8	9 + 6 = 15	8 - 4 = 4	13 - 7 = 6	4 + 4 = 8	16 - 8 = 8	7 + 2 = 9	16 - 7 = 9
1 + 5 = 6	4 + 3 = 7	4 - 3 = 1	14 - 7 = 7	3 + 2 = 5	10 - 2 = 8	8 + 1 = 9	4 + 8 = 12	7 - 6 = 1
5 + 9 = 14	9 + 4 = 13	7 + 6 = 13	13 - 6 = 7	2 + 6 = 8	9 - 7 = 2	11 - 5 = 6	5 + 8 = 13	13 - 9 = 4

16

17 - 9 = 8	15 - 9 = 6	13 - 8 = 5	12 - 5 = 7	4 + 9 = 13	16 - 8 = 8	4 + 3 = 7	2 + 2 = 4	10 - 8 = 2
14 - 8 = 6	5 - 2 = 3	3 + 7 = 10	1 + 7 = 8	2 + 9 = 11	3 - 2 = 1	12 - 7 = 5	10 - 3 = 7	6 + 7 = 13
10 - 5 = 5	12 - 8 = 4	8 - 7 = 1	10 - 2 = 8	9 - 1 = 8	9 + 2 = 11	2 + 7 = 9	8 - 6 = 2	13 - 7 = 6
6 + 3 = 9	8 + 3 = 11	14 - 7 = 7	6 + 8 = 14	7 + 6 = 13	6 + 6 = 12	3 + 4 = 7	3 + 3 = 6	5 + 8 = 13
11 - 3 = 8	5 - 4 = 1	3 + 2 = 5	1 + 1 = 2	1 + 4 = 5	8 + 8 = 16	9 - 3 = 6	7 - 3 = 4	4 - 3 = 1
8 - 3 = 5	4 + 2 = 6	6 + 9 = 15	15 - 7 = 8	9 - 4 = 5	4 + 7 = 11	8 - 5 = 3	9 - 0 = 9	5 + 3 = 8
4 + 6 = 10	14 - 6 = 8	13 - 5 = 8	2 + 4 = 6	6 + 4 = 10	3 + 5 = 8	8 + 7 = 15	9 - 2 = 7	16 - 9 = 7
5 + 4 = 9	5 + 6 = 11	12 - 3 = 9	1 + 6 = 7	8 + 1 = 9	6 - 5 = 1	8 + 4 = 12	7 + 2 = 9	4 + 4 = 8
9 + 6 = 15	3 + 1 = 4	1 + 5 = 6	5 + 7 = 12	7 - 4 = 3	6 - 3 = 3	7 - 6 = 1	9 - 6 = 3	10 - 4 = 6

17

11 - 7 = 4	1 + 4 = 5	16 - 8 = 8	9 - 7 = 2	6 - 4 = 2	4 + 8 = 12	13 - 8 = 5	14 - 8 = 6	8 + 3 = 11
1 + 8 = 9	12 - 5 = 7	13 - 7 = 6	18 - 9 = 9	7 - 6 = 1	4 - 2 = 2	6 + 8 = 14	8 + 5 = 13	4 + 2 = 6
8 - 7 = 1	3 + 3 = 6	6 + 7 = 13	17 - 8 = 9	9 + 5 = 14	3 + 5 = 8	2 + 4 = 6	15 - 8 = 7	3 + 9 = 12
14 - 9 = 5	9 - 4 = 5	10 - 4 = 6	6 + 3 = 9	7 + 3 = 10	4 - 3 = 1	2 + 8 = 10	7 - 5 = 2	1 + 7 = 8
7 + 5 = 12	7 + 8 = 15	2 + 1 = 3	10 - 9 = 1	2 + 5 = 7	6 - 3 = 3	16 - 9 = 7	12 - 7 = 5	17 - 9 = 8
15 - 9 = 6	6 + 5 = 11	3 + 1 = 4	9 + 7 = 16	4 + 4 = 8	3 - 2 = 1	2 + 6 = 8	4 + 5 = 9	1 + 6 = 7
6 + 4 = 10	8 - 3 = 5	7 + 7 = 14	10 - 3 = 7	7 + 4 = 11	13 - 6 = 7	8 - 6 = 2	2 + 7 = 9	9 - 5 = 4
3 + 6 = 9	5 + 8 = 13	5 + 6 = 11	16 - 7 = 9	2 + 9 = 11	5 + 4 = 9	5 + 5 = 10	5 + 3 = 8	8 + 2 = 10
6 - 5 = 1	7 + 2 = 9	11 - 9 = 2	7 - 4 = 3	9 - 0 = 9	14 - 6 = 8	15 - 7 = 8	10 - 1 = 9	15 - 6 = 9

18

3 + 5 8	7 + 3 10	5 + 1 6	8 + 7 15	4 + 5 9	7 + 9 16	14 - 8 6	4 + 6 10	17 - 9 8
9 + 8 17	17 - 8 9	3 + 3 6	2 + 8 10	2 + 1 3	18 - 9 9	12 - 8 4	8 - 2 6	13 - 4 9
4 - 3 1	10 - 6 4	8 + 6 14	4 - 2 2	13 - 6 7	7 + 1 8	3 + 9 12	6 + 6 12	7 - 3 4
14 - 6 8	5 + 3 8	13 - 7 6	10 - 7 3	1 + 3 4	15 - 7 8	9 + 4 13	2 + 9 11	8 + 8 16
10 - 8 2	12 - 9 3	13 - 5 8	16 - 8 8	11 - 8 3	5 - 4 1	9 - 3 6	8 - 4 4	9 - 5 4
11 - 5 6	9 + 3 12	11 - 3 8	6 + 4 10	5 + 8 13	6 + 8 14	3 + 1 4	4 + 9 13	2 + 6 8
5 + 9 14	7 - 4 3	11 - 4 7	3 + 8 11	5 + 4 9	8 - 3 5	10 - 9 1	16 - 7 9	8 + 2 10
6 - 4 2	5 - 2 3	5 + 2 7	5 + 6 11	9 - 1 8	9 + 1 10	13 - 8 5	1 + 5 6	8 + 5 13
4 + 7 11	5 + 5 10	16 - 9 7	9 + 2 11	8 - 7 1	15 - 8 7	2 + 3 5	7 + 5 12	12 - 6 6

19

4 + 2 6	3 - 2 1	16 - 8 8	17 - 8 9	6 + 8 14	13 - 6 7	9 - 6 3	6 + 7 13	5 - 4 1
8 + 9 17	5 + 6 11	3 + 5 8	1 + 3 4	8 - 6 2	8 - 4 4	13 - 5 8	3 + 2 5	2 + 7 9
7 + 2 9	13 - 7 6	10 - 3 7	6 - 3 3	8 + 5 13	10 - 4 6	6 - 2 4	4 + 5 9	5 + 3 8
9 + 3 12	2 + 3 5	6 + 6 12	17 - 9 8	7 + 1 8	8 + 8 16	14 - 5 9	4 - 3 1	15 - 7 8
14 - 7 7	8 + 6 14	5 + 7 12	7 + 5 12	2 + 2 4	9 - 7 2	16 - 9 7	7 + 7 14	7 - 4 3
2 + 8 10	10 - 7 3	9 - 4 5	18 - 9 9	14 - 8 6	8 - 7 1	15 - 8 7	3 + 4 7	10 - 5 5
7 + 6 13	8 + 3 11	14 - 6 8	4 + 7 11	8 + 4 12	3 + 3 6	4 - 2 2	10 - 1 9	16 - 7 9
15 - 9 6	11 - 8 3	5 + 2 7	8 - 3 5	7 + 9 16	7 + 8 15	12 - 6 6	5 + 9 14	3 + 7 10
5 + 5 10	7 - 6 1	3 + 1 4	2 + 6 8	3 + 9 12	6 - 5 1	8 + 2 10	4 + 6 10	11 - 4 7

20

1 + 9 10	9 - 4 5	16 - 9 7	9 + 9 18	7 + 8 15	4 - 2 2	1 + 7 8	5 + 3 8	3 + 5 8
17 - 8 9	3 + 3 6	12 - 9 3	4 + 3 7	15 - 6 9	10 - 8 2	5 - 3 2	9 + 6 15	5 - 4 1
6 + 5 11	14 - 8 6	8 + 9 17	15 - 8 7	12 - 4 8	7 - 3 4	4 + 2 6	12 - 8 4	8 + 7 15
7 + 6 13	7 + 9 16	2 + 6 8	9 + 2 11	14 - 7 7	13 - 5 8	3 + 9 12	5 + 4 9	10 - 7 3
7 + 7 14	7 - 5 2	6 + 2 8	2 + 1 3	5 + 6 11	7 - 6 1	10 - 6 4	8 - 2 6	6 - 3 3
9 + 3 12	4 + 4 8	9 - 7 2	10 - 3 7	16 - 8 8	5 + 7 12	7 - 2 5	7 + 3 10	3 + 8 11
4 + 7 11	9 - 1 8	9 - 6 3	6 - 5 1	9 + 7 16	11 - 6 5	14 - 9 5	14 - 6 8	6 + 7 13
7 + 5 12	8 + 2 10	6 + 9 15	6 + 6 12	7 + 2 9	9 - 5 4	1 + 3 4	15 - 9 6	9 - 2 7
12 - 7 5	1 + 6 7	9 - 3 6	8 + 5 13	18 - 9 9	8 + 1 9	9 - 8 1	9 + 5 14	13 - 8 5

21

8 + 2 10	8 - 6 2	4 + 4 8	10 - 6 4	3 - 2 1	8 + 7 15	4 - 3 1	12 - 8 4	6 - 3 3
4 + 6 10	13 - 5 8	13 - 8 5	7 + 7 14	3 + 5 8	5 + 8 13	7 - 3 4	10 - 4 6	12 - 3 9
8 + 4 12	5 + 3 8	6 + 7 13	14 - 8 6	5 + 5 10	7 + 8 15	16 - 8 8	2 + 1 3	3 + 6 9
5 + 1 6	8 + 9 17	3 + 8 11	7 - 2 5	9 - 3 6	6 - 5 1	4 + 8 12	15 - 8 7	9 + 4 13
2 + 8 10	6 - 4 2	8 + 8 16	8 - 7 1	10 - 5 5	4 + 7 11	3 + 2 5	6 + 8 14	6 + 9 15
5 + 2 7	18 - 9 9	8 + 1 9	9 + 5 14	15 - 6 9	1 + 9 10	2 + 6 8	9 + 6 15	11 - 8 3
17 - 8 9	7 + 2 9	17 - 9 8	4 + 9 13	11 - 6 5	9 + 3 12	14 - 9 5	16 - 9 7	11 - 7 4
10 - 3 7	4 - 2 2	5 + 9 14	11 - 9 2	3 + 4 7	9 + 8 17	9 - 6 3	10 - 2 8	6 + 1 7
8 + 5 13	9 + 7 16	12 - 6 6	10 - 1 9	15 - 9 6	5 - 3 2	13 - 7 6	13 - 6 7	9 + 2 11

22

14 - 5 9	14 - 8 6	2 + 7 9	17 - 8 9	5 - 2 3	3 + 5 8	4 + 8 12	6 + 1 7	7 + 2 9
4 + 4 8	7 - 6 1	4 - 2 2	7 + 4 11	3 + 6 9	11 - 4 7	6 - 4 2	5 + 8 13	6 + 7 13
14 - 7 7	10 - 6 4	8 + 9 17	7 + 5 12	5 - 4 1	13 - 5 8	5 + 9 14	9 + 6 15	2 + 5 7
5 - 3 2	3 - 2 1	7 + 7 14	9 - 6 3	12 - 3 9	6 + 2 8	18 - 9 9	3 + 4 7	6 + 6 12
15 - 8 7	3 + 8 11	13 - 6 7	14 - 9 5	2 + 8 10	4 + 1 5	12 - 5 7	12 - 4 8	8 - 2 6
5 + 3 8	1 + 7 8	8 - 4 4	8 + 7 15	10 - 3 7	3 + 7 10	8 - 6 2	2 + 3 5	9 + 8 17
6 - 3 3	7 - 3 4	8 + 5 13	8 + 8 16	6 + 3 9	8 + 2 10	7 + 9 16	12 - 8 4	4 + 7 11
14 - 6 8	13 - 9 4	11 - 7 4	10 - 8 2	8 - 3 5	11 - 9 2	7 + 8 15	9 + 3 12	15 - 7 8
6 + 8 14	8 - 7 1	4 + 3 7	6 - 2 4	6 - 5 1	4 + 6 10	1 + 9 10	1 + 4 5	11 - 3 8

23

2 + 3 5	4 - 3 1	7 + 8 15	6 + 7 13	5 - 4 1	7 + 6 13	5 + 5 10	4 + 4 8	18 - 9 9
2 + 6 8	1 + 7 8	5 + 8 13	13 - 6 7	6 - 3 3	12 - 8 4	8 + 5 13	7 + 1 8	3 + 7 10
13 - 7 6	14 - 7 7	5 + 6 11	15 - 8 7	1 + 2 3	6 + 4 10	11 - 4 7	3 - 2 1	2 + 5 7
3 + 4 7	8 - 6 2	2 + 4 6	3 + 6 9	14 - 5 9	7 - 5 2	15 - 7 8	10 - 6 4	4 + 2 6
5 + 2 7	7 + 7 14	6 + 6 12	6 + 8 14	16 - 7 9	12 - 7 5	8 - 7 1	5 - 3 2	10 - 2 8
10 - 7 3	6 + 3 9	15 - 6 9	15 - 9 6	4 + 7 11	6 + 2 8	14 - 6 8	4 + 5 9	5 + 7 12
17 - 8 9	10 - 5 5	11 - 9 2	2 + 8 10	8 + 4 12	11 - 8 3	9 + 5 14	9 - 3 6	13 - 9 4
11 - 5 6	9 - 7 2	12 - 3 9	8 + 6 14	7 - 4 3	7 + 3 10	9 - 6 3	5 + 4 9	12 - 4 8
5 + 9 14	7 + 2 9	8 - 3 5	9 + 7 16	14 - 8 6	2 + 2 4	17 - 9 8	3 + 8 11	9 + 4 13

24

8 + 6 14	4 - 2 2	15 - 7 8	5 + 5 10	12 - 5 7	9 - 8 1	9 + 1 10	7 + 7 14	9 + 7 16
11 - 6 5	1 + 6 7	7 + 5 12	9 - 6 3	6 - 4 2	5 - 3 2	9 - 7 2	6 + 2 8	17 - 9 8
3 + 7 10	8 + 8 16	3 + 9 12	8 + 7 15	2 + 7 9	1 + 5 6	16 - 8 8	3 - 2 1	2 + 4 6
8 + 2 10	5 + 3 8	3 + 3 6	11 - 4 7	11 - 5 6	6 - 5 1	8 + 5 13	5 + 7 12	6 + 9 15
7 + 6 13	10 - 7 3	14 - 9 5	4 + 3 7	4 - 3 1	9 + 3 12	13 - 4 9	6 + 6 12	8 - 7 1
7 + 1 8	8 - 6 2	18 - 9 9	6 + 5 11	7 - 4 3	13 - 6 7	3 + 4 7	3 + 6 9	8 + 4 12
7 - 5 2	6 - 3 3	7 - 3 4	2 + 8 10	4 + 2 6	8 - 3 5	2 + 6 8	6 + 4 10	2 + 5 7
14 - 7 7	8 + 1 9	3 + 2 5	7 - 6 1	1 + 2 3	5 - 2 3	16 - 7 9	4 + 7 11	3 + 1 4
14 - 8 6	1 + 4 5	10 - 2 8	10 - 5 5	14 - 6 8	11 - 2 9	5 - 4 1	7 - 2 5	6 - 2 4

25

15 - 7 8	6 + 1 7	15 - 8 7	2 + 8 10	3 - 2 1	4 - 3 1	8 - 6 2	5 + 6 11	9 + 1 10
14 - 6 8	8 + 9 17	8 - 5 3	3 + 2 5	5 - 4 1	7 + 2 9	3 + 3 6	8 + 8 16	14 - 5 9
5 + 7 12	3 + 8 11	6 - 2 4	11 - 8 3	8 + 1 9	4 + 6 10	1 + 8 9	6 + 6 12	4 + 2 6
4 + 4 8	9 - 1 8	7 + 4 11	6 + 5 11	8 + 6 14	7 - 6 1	12 - 4 8	8 - 7 1	7 + 8 15
9 + 5 14	10 - 8 2	7 - 5 2	13 - 7 6	9 + 9 18	17 - 9 8	4 + 7 11	6 - 5 1	17 - 8 9
7 + 6 13	8 + 2 10	13 - 4 9	14 - 8 6	8 + 5 13	10 - 7 3	6 - 3 3	2 + 4 6	2 + 7 9
6 + 4 10	14 - 7 7	18 - 9 9	16 - 9 7	6 + 2 8	4 + 5 9	4 + 3 7	2 + 5 7	5 + 8 13
1 + 9 10	6 + 8 14	6 - 4 2	16 - 7 9	1 + 4 5	10 - 3 7	14 - 9 5	3 + 5 8	9 - 4 5
7 + 7 14	15 - 9 6	16 - 8 8	11 - 5 6	11 - 9 2	13 - 6 7	12 - 8 4	12 - 7 5	3 + 6 9

26

4 - 2 = 2	4 + 9 = 13	16 - 8 = 8	17 - 8 = 9	1 + 8 = 9	5 - 2 = 3	3 - 2 = 1	5 + 4 = 9	5 + 1 = 6
15 - 8 = 7	10 - 7 = 3	3 + 8 = 11	15 - 7 = 8	5 + 3 = 8	9 + 5 = 14	11 - 2 = 9	3 + 6 = 9	4 + 3 = 7
7 - 6 = 1	2 + 3 = 5	3 + 2 = 5	6 + 8 = 14	13 - 5 = 8	10 - 5 = 5	12 - 4 = 8	15 - 6 = 9	8 + 8 = 16
2 + 5 = 7	7 - 3 = 4	17 - 9 = 8	18 - 9 = 9	4 + 2 = 6	8 - 7 = 1	8 - 3 = 5	8 + 7 = 15	4 - 3 = 1
16 - 7 = 9	6 + 4 = 10	3 + 7 = 10	8 + 2 = 10	5 - 4 = 1	5 + 8 = 13	7 + 5 = 12	2 + 2 = 4	8 + 4 = 12
1 + 1 = 2	6 - 4 = 2	8 - 6 = 2	7 + 3 = 10	3 + 4 = 7	9 - 6 = 3	9 - 0 = 9	12 - 6 = 6	6 + 3 = 9
10 - 2 = 8	5 + 6 = 11	7 - 5 = 2	8 - 5 = 3	12 - 8 = 4	11 - 7 = 4	8 + 6 = 14	8 + 5 = 13	6 - 5 = 1
1 + 4 = 5	14 - 6 = 8	6 - 3 = 3	5 + 7 = 12	2 + 8 = 10	2 + 7 = 9	9 + 7 = 16	3 + 9 = 12	14 - 7 = 7
13 - 8 = 5	13 - 4 = 9	3 + 3 = 6	1 + 7 = 8	5 + 5 = 10	12 - 7 = 5	9 + 2 = 11	9 - 2 = 7	6 + 2 = 8

27

5 - 3 = 2	17 - 8 = 9	16 - 8 = 8	7 + 2 = 9	4 + 6 = 10	6 + 9 = 15	5 + 2 = 7	2 + 5 = 7	14 - 7 = 7
8 + 9 = 17	2 + 2 = 4	4 + 1 = 5	14 - 6 = 8	5 + 3 = 8	9 - 5 = 4	15 - 6 = 9	5 + 8 = 13	6 - 2 = 4
1 + 8 = 9	4 + 7 = 11	3 + 2 = 5	8 + 6 = 14	10 - 2 = 8	9 + 5 = 14	3 + 8 = 11	12 - 5 = 7	1 + 6 = 7
5 + 1 = 6	6 + 3 = 9	14 - 5 = 9	13 - 6 = 7	9 - 2 = 7	9 + 4 = 13	5 + 5 = 10	3 - 2 = 1	3 + 9 = 12
10 - 6 = 4	8 + 3 = 11	9 - 8 = 1	8 - 6 = 2	6 + 4 = 10	16 - 9 = 7	11 - 4 = 7	5 - 4 = 1	10 - 7 = 3
5 + 7 = 12	18 - 9 = 9	6 + 7 = 13	15 - 7 = 8	1 + 7 = 8	9 + 8 = 17	7 + 6 = 13	4 + 3 = 7	10 - 4 = 6
17 - 9 = 8	12 - 7 = 5	8 + 1 = 9	15 - 9 = 6	9 - 1 = 8	9 - 6 = 3	5 + 6 = 11	8 - 3 = 5	9 - 4 = 5
10 - 3 = 7	3 + 4 = 7	11 - 5 = 6	3 + 6 = 9	8 - 7 = 1	4 + 8 = 12	9 - 3 = 6	12 - 8 = 4	7 + 3 = 10
10 - 5 = 5	3 + 3 = 6	8 + 8 = 16	5 + 4 = 9	4 - 3 = 1	12 - 6 = 6	10 - 9 = 1	7 + 1 = 8	2 + 3 = 5

28

3 - 2 = 1	9 + 8 = 17	7 - 4 = 3	2 + 5 = 7	4 + 7 = 11	4 + 8 = 12	3 + 5 = 8	6 + 7 = 13	7 + 8 = 15
5 + 3 = 8	8 + 1 = 9	6 + 5 = 11	2 + 6 = 8	16 - 7 = 9	3 + 2 = 5	11 - 7 = 4	8 + 6 = 14	6 + 3 = 9
3 + 9 = 12	8 + 5 = 13	13 - 6 = 7	2 + 8 = 10	12 - 6 = 6	4 + 1 = 5	10 - 8 = 2	4 - 3 = 1	13 - 7 = 6
5 - 3 = 2	2 + 1 = 3	13 - 8 = 5	15 - 7 = 8	10 - 1 = 9	7 + 2 = 9	14 - 5 = 9	16 - 8 = 8	8 + 3 = 11
14 - 7 = 7	17 - 8 = 9	4 + 6 = 10	7 - 6 = 1	8 - 2 = 6	7 - 5 = 2	5 + 2 = 7	14 - 9 = 5	5 + 4 = 9
11 - 3 = 8	7 + 4 = 11	3 + 3 = 6	8 + 7 = 15	10 - 4 = 6	3 + 6 = 9	11 - 9 = 2	15 - 8 = 7	15 - 6 = 9
7 - 3 = 4	7 + 5 = 12	5 + 5 = 10	3 + 7 = 10	7 + 9 = 16	7 + 1 = 8	4 - 2 = 2	9 - 6 = 3	2 + 4 = 6
10 - 2 = 8	8 + 8 = 16	9 + 7 = 16	7 + 7 = 14	17 - 9 = 8	16 - 9 = 7	4 + 3 = 7	6 - 4 = 2	8 - 3 = 5
9 + 9 = 18	1 + 3 = 4	6 + 8 = 14	10 - 7 = 3	10 - 5 = 5	6 - 3 = 3	8 - 6 = 2	9 - 3 = 6	9 - 5 = 4

29

4 + 5 = 9	4 + 2 = 6	2 + 8 = 10	8 - 6 = 2	11 - 3 = 8	17 - 8 = 9	6 - 5 = 1	12 - 6 = 6	13 - 5 = 8
7 - 4 = 3	18 - 9 = 9	3 + 4 = 7	12 - 5 = 7	8 + 2 = 10	14 - 7 = 7	9 + 8 = 17	14 - 8 = 6	13 - 7 = 6
4 + 3 = 7	15 - 8 = 7	10 - 1 = 9	3 + 3 = 6	16 - 8 = 8	7 + 4 = 11	4 + 8 = 12	2 + 4 = 6	17 - 9 = 8
6 + 8 = 14	3 - 2 = 1	4 - 3 = 1	15 - 7 = 8	5 + 3 = 8	6 + 6 = 12	8 - 5 = 3	4 - 2 = 2	14 - 6 = 8
3 + 6 = 9	2 + 1 = 3	6 + 3 = 9	5 + 6 = 11	10 - 4 = 6	5 + 7 = 12	8 + 7 = 15	10 - 7 = 3	1 + 6 = 7
9 + 2 = 11	6 + 9 = 15	3 + 5 = 8	1 + 7 = 8	7 + 6 = 13	8 + 4 = 12	13 - 8 = 5	8 + 9 = 17	7 + 2 = 9
3 + 1 = 4	10 - 3 = 7	10 - 5 = 5	6 + 1 = 7	5 - 4 = 1	8 + 8 = 16	3 + 8 = 11	14 - 9 = 5	8 + 1 = 9
10 - 6 = 4	9 - 6 = 3	8 - 4 = 4	7 + 5 = 12	12 - 7 = 5	13 - 4 = 9	7 + 8 = 15	9 - 0 = 9	11 - 4 = 7
4 + 6 = 10	2 + 5 = 7	2 + 7 = 9	4 + 1 = 5	9 - 1 = 8	8 - 3 = 5	1 + 2 = 3	8 - 7 = 1	7 - 6 = 1

30

5 + 2 = 7	1 + 8 = 9	8 + 8 = 16	1 + 7 = 8	5 + 1 = 6	6 + 1 = 7	14 - 8 = 6	8 + 4 = 12	9 - 3 = 6
14 - 7 = 7	12 - 3 = 9	5 + 5 = 10	16 - 7 = 9	8 + 7 = 15	6 - 3 = 3	2 + 5 = 7	4 - 3 = 1	9 - 8 = 1
17 - 9 = 8	2 + 7 = 9	3 + 2 = 5	3 - 2 = 1	3 + 8 = 11	1 + 5 = 6	9 + 9 = 18	14 - 6 = 8	7 + 7 = 14
6 + 3 = 9	8 - 7 = 1	9 + 8 = 17	13 - 7 = 6	10 - 3 = 7	12 - 7 = 5	8 - 5 = 3	11 - 2 = 9	8 + 5 = 13
4 + 2 = 6	12 - 4 = 8	9 + 6 = 15	15 - 8 = 7	5 + 4 = 9	6 + 8 = 14	10 - 4 = 6	3 + 6 = 9	13 - 9 = 4
17 - 8 = 9	5 + 9 = 14	11 - 6 = 5	9 + 3 = 12	10 - 6 = 4	7 - 3 = 4	6 + 7 = 13	16 - 8 = 8	7 + 2 = 9
3 + 7 = 10	11 - 5 = 6	10 - 5 = 5	8 - 3 = 5	2 + 8 = 10	4 + 9 = 13	7 - 5 = 2	7 - 6 = 1	15 - 7 = 8
7 + 6 = 13	18 - 9 = 9	5 + 6 = 11	2 + 6 = 8	14 - 5 = 9	10 - 1 = 9	15 - 9 = 6	12 - 8 = 4	4 - 2 = 2
4 + 6 = 10	8 + 9 = 17	13 - 8 = 5	6 + 4 = 10	5 + 7 = 12	7 + 8 = 15	1 + 2 = 3	7 - 4 = 3	5 + 3 = 8

31

17 - 8 = 9	1 + 7 = 8	16 - 8 = 8	18 - 9 = 9	9 - 5 = 4	7 - 3 = 4	3 + 2 = 5	17 - 9 = 8	3 + 8 = 11
4 - 3 = 1	6 - 5 = 1	5 + 2 = 7	2 + 3 = 5	15 - 7 = 8	6 - 4 = 2	8 + 6 = 14	14 - 8 = 6	11 - 3 = 8
4 + 1 = 5	1 + 6 = 7	14 - 7 = 7	10 - 5 = 5	3 + 6 = 9	8 + 3 = 11	5 + 6 = 11	8 + 9 = 17	4 + 6 = 10
7 + 8 = 15	9 + 2 = 11	4 + 5 = 9	13 - 8 = 5	10 - 1 = 9	7 - 6 = 1	5 - 2 = 3	4 + 8 = 12	7 + 7 = 14
9 + 8 = 17	5 + 8 = 13	2 + 2 = 4	7 - 5 = 2	6 - 2 = 4	13 - 7 = 6	9 + 7 = 16	2 + 7 = 9	12 - 4 = 8
9 - 4 = 5	8 + 1 = 9	8 + 7 = 15	15 - 6 = 9	7 + 5 = 12	3 - 2 = 1	6 - 3 = 3	16 - 9 = 7	1 + 5 = 6
7 + 3 = 10	11 - 5 = 6	12 - 5 = 7	7 + 6 = 13	4 - 2 = 2	3 + 4 = 7	12 - 8 = 4	8 + 2 = 10	2 + 4 = 6
5 + 1 = 6	1 + 9 = 10	3 + 5 = 8	9 - 2 = 7	14 - 5 = 9	9 + 5 = 14	13 - 4 = 9	9 - 8 = 1	5 + 4 = 9
5 + 7 = 12	6 + 6 = 12	15 - 8 = 7	10 - 7 = 3	11 - 7 = 4	5 + 5 = 10	8 - 5 = 3	5 + 3 = 8	8 - 7 = 1

32

11 - 7 = 4	5 + 1 = 6	9 + 5 = 14	6 - 5 = 1	3 + 4 = 7	14 - 6 = 8	4 - 2 = 2	3 + 7 = 10	16 - 9 = 7
9 + 6 = 15	8 + 6 = 14	4 + 7 = 11	13 - 6 = 7	7 + 5 = 12	17 - 9 = 8	1 + 3 = 4	16 - 8 = 8	2 + 5 = 7
8 - 7 = 1	7 - 5 = 2	3 + 3 = 6	15 - 9 = 6	2 + 7 = 9	15 - 7 = 8	8 - 4 = 4	4 - 3 = 1	7 - 3 = 4
5 + 6 = 11	12 - 4 = 8	3 + 5 = 8	3 + 8 = 11	8 + 7 = 15	4 + 4 = 8	6 + 3 = 9	9 - 7 = 2	11 - 6 = 5
6 + 5 = 11	10 - 6 = 4	1 + 2 = 3	15 - 6 = 9	12 - 7 = 5	10 - 9 = 1	1 + 6 = 7	17 - 8 = 9	1 + 5 = 6
18 - 9 = 9	4 + 2 = 6	1 + 8 = 9	14 - 7 = 7	8 - 3 = 5	6 + 1 = 7	7 - 6 = 1	7 + 7 = 14	15 - 8 = 7
4 + 5 = 9	6 + 6 = 12	9 - 3 = 6	3 + 2 = 5	16 - 7 = 9	5 + 5 = 10	13 - 7 = 6	7 + 8 = 15	5 + 4 = 9
12 - 3 = 9	4 + 8 = 12	6 - 2 = 4	5 + 8 = 13	8 + 3 = 11	3 + 6 = 9	7 + 6 = 13	5 + 9 = 14	9 - 6 = 3
14 - 8 = 6	5 - 3 = 2	11 - 5 = 6	8 - 2 = 6	2 + 3 = 5	3 + 1 = 4	5 + 7 = 12	10 - 7 = 3	6 - 3 = 3

33

8 + 7 = 15	3 - 2 = 1	5 + 9 = 14	14 - 6 = 8	9 - 1 = 8	2 + 2 = 4	7 - 3 = 4	15 - 8 = 7	1 + 2 = 3
10 - 8 = 2	2 + 3 = 5	7 - 6 = 1	8 - 5 = 3	18 - 9 = 9	8 + 4 = 12	7 + 2 = 9	9 + 8 = 17	8 + 6 = 14
5 + 5 = 10	7 + 7 = 14	3 + 6 = 9	16 - 8 = 8	4 + 2 = 6	5 + 4 = 9	7 + 8 = 15	4 + 5 = 9	17 - 9 = 8
14 - 7 = 7	7 - 4 = 3	3 + 5 = 8	8 + 8 = 16	11 - 7 = 4	8 - 6 = 2	5 + 6 = 11	11 - 2 = 9	9 + 9 = 18
6 + 6 = 12	6 - 5 = 1	1 + 6 = 7	17 - 8 = 9	6 - 4 = 2	13 - 9 = 4	1 + 1 = 2	1 + 3 = 4	3 + 4 = 7
9 - 4 = 5	4 - 2 = 2	6 + 7 = 13	5 + 8 = 13	16 - 7 = 9	4 - 3 = 1	8 + 3 = 11	8 + 5 = 13	15 - 7 = 8
10 - 2 = 8	9 + 2 = 11	1 + 8 = 9	9 - 6 = 3	8 - 4 = 4	5 + 3 = 8	8 + 2 = 10	5 - 3 = 2	8 - 7 = 1
8 - 3 = 5	10 - 6 = 4	12 - 3 = 9	13 - 5 = 8	6 - 3 = 3	2 + 6 = 8	5 + 2 = 7	12 - 5 = 7	2 + 8 = 10
4 + 6 = 10	9 - 5 = 4	2 + 5 = 7	1 + 9 = 10	5 - 4 = 1	1 + 7 = 8	14 - 8 = 6	12 - 8 = 4	6 + 8 = 14

34

14 - 8 6	5 + 4 9	6 + 8 14	7 + 3 10	9 - 5 4	7 + 9 16	4 + 8 12	2 + 6 8	8 + 6 14
5 + 7 12	17 - 9 8	15 - 6 9	3 + 8 11	6 - 5 1	6 + 6 12	5 + 2 7	10 - 4 6	12 - 5 7
6 + 2 8	4 - 3 1	16 - 8 8	4 + 3 7	6 + 9 15	5 - 2 3	18 - 9 9	12 - 7 5	13 - 6 7
1 + 6 7	4 + 2 6	2 + 4 6	5 + 1 6	15 - 8 7	13 - 5 8	17 - 8 9	8 - 4 4	5 + 5 10
3 - 2 1	13 - 4 9	12 - 8 4	3 + 7 10	8 - 7 1	7 - 6 1	11 - 5 6	16 - 7 9	8 + 1 9
15 - 7 8	8 + 2 10	9 + 3 12	9 - 1 8	7 + 4 11	10 - 1 9	7 + 6 13	6 - 3 3	14 - 7 7
6 + 7 13	9 + 6 15	12 - 4 8	16 - 9 7	3 + 1 4	7 - 3 4	14 - 9 5	3 + 6 9	5 - 3 2
3 + 3 6	4 + 5 9	7 + 8 15	4 + 6 10	15 - 9 6	11 - 7 4	3 + 4 7	7 + 5 12	7 - 4 3
2 + 2 4	3 + 2 5	5 + 3 8	9 - 3 6	7 - 2 5	6 - 4 2	4 + 7 11	5 + 9 14	8 + 5 13

35

8 + 5 13	7 + 6 13	12 - 3 9	8 + 6 14	1 + 9 10	11 - 4 7	7 - 4 3	18 - 9 9	9 - 0 9
2 + 2 4	11 - 3 8	6 - 4 2	8 + 9 17	5 + 4 9	10 - 5 5	2 + 5 7	5 + 8 13	14 - 8 6
8 + 8 16	14 - 7 7	3 + 8 11	7 + 5 12	10 - 3 7	1 + 6 7	4 + 9 13	4 + 6 10	7 - 5 2
8 + 4 12	8 + 7 15	6 + 2 8	7 + 8 15	13 - 6 7	17 - 9 8	6 + 8 14	15 - 8 7	15 - 6 9
7 - 6 1	7 + 7 14	5 + 2 7	14 - 6 8	6 + 6 12	2 + 8 10	5 + 5 10	6 + 7 13	3 + 5 8
7 - 3 4	2 + 7 9	7 + 4 11	13 - 7 6	12 - 6 6	2 + 1 3	7 + 3 10	6 - 5 1	10 - 6 4
17 - 8 9	14 - 5 9	12 - 8 4	15 - 9 6	2 + 3 5	8 + 3 11	6 - 2 4	8 - 3 5	6 - 3 3
9 + 8 17	11 - 8 3	5 + 9 14	16 - 7 9	3 - 2 1	6 + 3 9	5 - 2 3	3 + 3 6	8 - 6 2
5 - 3 2	12 - 9 3	12 - 7 5	11 - 5 6	3 + 2 5	5 + 3 8	15 - 7 8	4 + 3 7	2 + 4 6

36

13 - 6 7	11 - 4 7	3 + 6 9	13 - 5 8	13 - 7 6	7 - 3 4	12 - 8 4	12 - 7 5	10 - 3 7
8 + 6 14	13 - 8 5	1 + 5 6	2 + 5 7	6 + 8 14	10 - 7 3	2 + 8 10	9 - 8 1	16 - 7 9
15 - 8 7	16 - 8 8	5 + 6 11	4 + 2 6	5 - 4 1	7 + 6 13	1 + 3 4	2 + 2 4	8 + 8 16
6 + 2 8	7 - 6 1	11 - 3 8	10 - 9 1	8 + 7 15	3 + 3 6	17 - 9 8	5 + 2 7	9 - 4 5
8 + 4 12	17 - 8 9	1 + 9 10	4 + 1 5	18 - 9 9	1 + 1 2	5 - 3 2	7 + 3 10	3 + 9 12
6 - 4 2	10 - 8 2	11 - 2 9	2 + 4 6	10 - 5 5	9 - 6 3	14 - 9 5	4 - 3 1	9 + 8 17
11 - 8 3	10 - 2 8	5 + 8 13	8 + 3 11	8 + 9 17	3 - 2 1	6 + 5 11	3 + 4 7	12 - 4 8
4 + 3 7	7 + 1 8	3 + 2 5	4 + 5 9	3 + 8 11	3 + 5 8	6 - 3 3	9 - 2 7	6 + 1 7
5 + 5 10	8 - 4 4	7 + 4 11	6 + 4 10	15 - 7 8	14 - 5 9	2 + 6 8	11 - 6 5	2 + 1 3

37

7 + 9 16	4 + 9 13	11 - 9 2	6 + 2 8	12 - 4 8	16 - 9 7	3 + 7 10	15 - 7 8	8 - 2 6
5 - 3 2	8 + 8 16	9 - 4 5	9 - 8 1	5 + 3 8	7 + 7 14	7 - 3 4	10 - 2 8	3 + 4 7
4 + 5 9	16 - 8 8	2 + 7 9	13 - 8 5	7 + 2 9	10 - 7 3	9 + 3 12	12 - 9 3	3 + 8 11
13 - 5 8	5 + 9 14	5 + 6 11	11 - 6 5	11 - 8 3	8 + 4 12	3 + 3 6	9 - 6 3	2 + 2 4
6 + 3 9	7 - 4 3	9 + 6 15	12 - 8 4	4 + 6 10	14 - 8 6	2 + 3 5	11 - 4 7	13 - 7 6
5 + 4 9	6 + 5 11	10 - 4 6	6 + 6 12	17 - 9 8	9 + 2 11	2 + 8 10	6 - 4 2	4 + 8 12
9 - 2 7	4 + 4 8	12 - 5 7	7 + 8 15	8 - 5 3	13 - 9 4	4 - 3 1	7 - 2 5	12 - 7 5
6 + 9 15	9 - 1 8	3 - 2 1	2 + 4 6	6 - 3 3	8 + 6 14	11 - 5 6	13 - 6 7	4 + 2 6
9 + 4 13	7 + 5 12	3 + 2 5	17 - 8 9	1 + 3 4	3 + 5 8	5 + 7 12	8 + 1 9	16 - 7 9

38

3 + 5 8	14 - 8 6	14 - 7 7	3 + 6 9	5 + 8 13	11 - 9 2	4 + 5 9	8 + 5 13	9 + 8 17
6 + 8 14	3 + 2 5	3 + 9 12	6 + 1 7	15 - 6 9	6 + 2 8	15 - 7 8	14 - 6 8	10 - 3 7
2 + 3 5	1 + 5 6	6 + 9 15	7 - 4 3	16 - 8 8	7 + 7 14	4 - 2 2	5 + 5 10	5 - 4 1
7 + 2 9	14 - 5 9	10 - 2 8	11 - 3 8	12 - 4 8	7 + 6 13	13 - 6 7	9 - 6 3	8 - 5 3
18 - 9 9	6 - 3 3	9 + 6 15	2 + 9 11	8 - 7 1	9 - 5 4	2 + 2 4	12 - 9 3	3 - 2 1
3 + 3 6	2 + 4 6	11 - 7 4	9 - 1 8	13 - 8 5	10 - 4 6	8 + 8 16	4 + 6 10	8 + 2 10
2 + 6 8	1 + 8 9	17 - 8 9	4 + 2 6	2 + 7 9	6 + 6 12	9 - 3 6	14 - 9 5	3 + 8 11
6 - 4 2	4 + 4 8	8 + 6 14	3 + 1 4	9 - 2 7	4 - 3 1	13 - 7 6	12 - 7 5	2 + 8 10
11 - 4 7	10 - 5 5	5 + 4 9	7 - 2 5	7 + 3 10	5 + 3 8	7 + 5 12	13 - 4 9	5 + 9 14

39

6 + 3 9	8 - 3 5	5 + 3 8	2 + 4 6	7 + 7 14	17 - 9 8	11 - 3 8	3 + 3 6	15 - 7 8
7 - 6 1	17 - 8 9	5 + 6 11	7 + 3 10	3 - 2 1	6 - 5 1	4 - 3 1	3 + 6 9	8 + 5 13
8 - 7 1	5 + 7 12	5 - 2 3	4 + 6 10	16 - 7 9	8 + 9 17	15 - 8 7	9 + 3 12	4 + 4 8
3 + 7 10	3 + 5 8	15 - 9 6	5 + 4 9	1 + 7 8	10 - 7 3	13 - 8 5	3 + 4 7	3 + 8 11
4 + 7 11	11 - 8 3	2 + 5 7	7 + 5 12	11 - 5 6	14 - 9 5	7 + 6 13	10 - 8 2	1 + 2 3
7 + 8 15	6 + 7 13	7 + 9 16	8 + 2 10	4 + 8 12	5 - 4 1	13 - 5 8	11 - 7 4	14 - 5 9
6 - 3 3	7 - 3 4	1 + 3 4	10 - 4 6	13 - 7 6	8 - 4 4	6 + 2 8	16 - 9 7	5 + 8 13
5 + 5 10	15 - 6 9	13 - 6 7	2 + 3 5	4 + 3 7	10 - 9 1	12 - 4 8	10 - 3 7	18 - 9 9
9 + 8 17	9 - 6 3	8 + 6 14	5 + 2 7	13 - 4 9	4 + 1 5	4 + 2 6	10 - 5 5	14 - 6 8

40

5 + 2 7	3 + 4 7	12 - 5 7	4 + 2 6	3 + 7 10	17 - 8 9	8 - 4 4	11 - 7 4	5 - 3 2
5 - 4 1	12 - 4 8	8 + 8 16	14 - 6 8	6 + 2 8	3 + 8 11	10 - 1 9	8 + 4 12	7 + 6 13
7 + 2 9	7 - 3 4	9 - 2 7	2 + 6 8	16 - 7 9	12 - 7 5	5 - 2 3	5 + 8 13	9 + 6 15
9 + 7 16	6 - 4 2	13 - 5 8	1 + 6 7	4 - 2 2	7 - 5 2	15 - 6 9	7 + 4 11	6 - 5 1
3 + 2 5	4 - 3 1	3 - 2 1	8 - 5 3	1 + 7 8	16 - 8 8	2 + 3 5	2 + 7 9	11 - 3 8
15 - 9 6	5 + 4 9	4 + 7 11	13 - 6 7	3 + 5 8	6 + 3 9	8 + 5 13	6 + 7 13	6 - 2 4
11 - 9 2	4 + 9 13	9 + 8 17	6 - 3 3	14 - 8 6	14 - 9 5	7 - 4 3	10 - 7 3	9 - 4 5
8 + 9 17	8 + 7 15	2 + 8 10	8 + 6 14	13 - 8 5	4 + 3 7	6 + 6 12	4 + 8 12	5 + 5 10
4 + 1 5	4 + 4 8	2 + 1 3	2 + 5 7	9 - 6 3	5 + 7 12	16 - 9 7	18 - 9 9	14 - 5 9

41

9 + 4 13	2 + 1 3	4 + 5 9	11 - 5 6	2 + 4 6	6 + 6 12	8 + 9 17	4 + 6 10	2 + 3 5
14 - 9 5	8 + 5 13	5 + 4 9	2 + 7 9	3 - 2 1	3 + 7 10	9 + 7 16	4 - 3 1	1 + 2 3
10 - 6 4	7 - 6 1	4 - 2 2	5 + 7 12	7 + 8 15	13 - 8 5	5 - 4 1	6 - 3 3	4 + 8 12
8 - 4 4	2 + 6 8	18 - 9 9	2 + 5 7	7 + 3 10	6 - 4 2	11 - 8 3	1 + 7 8	13 - 4 9
6 - 5 1	7 + 5 12	5 + 3 8	14 - 5 9	7 - 2 5	12 - 3 9	5 + 6 11	14 - 6 8	4 + 4 8
16 - 8 8	10 - 8 2	3 + 3 6	6 - 2 4	9 + 6 15	12 - 9 3	5 + 9 14	14 - 8 6	7 + 2 9
11 - 6 5	9 - 7 2	15 - 6 9	16 - 7 9	7 + 6 13	6 + 4 10	4 + 7 11	9 + 8 17	17 - 8 9
10 - 2 8	3 + 4 7	5 + 5 10	7 - 5 2	9 - 3 6	9 - 1 8	16 - 9 7	8 - 5 3	10 - 1 9
2 + 8 10	6 + 8 14	9 + 3 12	11 - 9 2	15 - 8 7	5 + 2 7	6 + 2 8	3 + 2 5	13 - 9 4

42

13 - 6 = 7	2 + 4 = 6	7 + 4 = 11	3 - 2 = 1	16 - 8 = 8	4 + 6 = 10	7 - 4 = 3	4 - 2 = 2	17 - 9 = 8
7 - 5 = 2	6 + 4 = 10	5 + 4 = 9	2 + 8 = 10	2 + 3 = 5	6 + 3 = 9	3 + 7 = 10	11 - 9 = 2	8 + 8 = 16
6 + 7 = 13	4 - 3 = 1	11 - 3 = 8	8 + 4 = 12	10 - 8 = 2	2 + 7 = 9	1 + 1 = 2	8 + 1 = 9	2 + 9 = 11
4 + 9 = 13	9 - 3 = 6	5 + 6 = 11	13 - 5 = 8	10 - 5 = 5	4 + 5 = 9	3 + 5 = 8	2 + 5 = 7	18 - 9 = 9
12 - 3 = 9	3 + 3 = 6	17 - 8 = 9	8 - 7 = 1	10 - 3 = 7	7 - 6 = 1	15 - 9 = 6	6 - 5 = 1	11 - 8 = 3
6 + 6 = 12	1 + 2 = 3	11 - 7 = 4	7 + 3 = 10	5 + 1 = 6	5 + 7 = 12	10 - 7 = 3	4 + 2 = 6	5 - 2 = 3
8 + 6 = 14	7 + 6 = 13	4 + 4 = 8	8 - 5 = 3	9 - 5 = 4	8 + 7 = 15	14 - 6 = 8	14 - 7 = 7	12 - 4 = 8
3 + 4 = 7	5 + 8 = 13	1 + 9 = 10	3 + 2 = 5	1 + 4 = 5	9 - 0 = 9	2 + 1 = 3	15 - 6 = 9	14 - 5 = 9
11 - 4 = 7	7 - 2 = 5	7 + 1 = 8	10 - 6 = 4	5 + 2 = 7	15 - 8 = 7	15 - 7 = 8	10 - 1 = 9	3 + 6 = 9

43

2 + 5 = 7	5 - 3 = 2	9 - 4 = 5	8 + 4 = 12	8 + 7 = 15	4 + 6 = 10	7 + 7 = 14	6 - 5 = 1	6 - 3 = 3
3 + 6 = 9	16 - 9 = 7	8 - 4 = 4	3 + 1 = 4	3 + 8 = 11	1 + 7 = 8	11 - 5 = 6	13 - 8 = 5	6 + 2 = 8
17 - 8 = 9	8 - 3 = 5	1 + 9 = 10	2 + 2 = 4	18 - 9 = 9	3 + 3 = 6	4 + 5 = 9	12 - 9 = 3	6 + 1 = 7
6 + 8 = 14	8 + 8 = 16	5 + 6 = 11	8 + 6 = 14	15 - 7 = 8	15 - 8 = 7	16 - 8 = 8	6 - 4 = 2	13 - 9 = 4
9 - 2 = 7	3 + 4 = 7	11 - 3 = 8	9 - 5 = 4	8 - 7 = 1	5 + 5 = 10	4 + 7 = 11	2 + 9 = 11	8 + 5 = 13
5 + 3 = 8	7 + 2 = 9	11 - 2 = 9	12 - 5 = 7	5 + 9 = 14	9 - 3 = 6	10 - 6 = 4	3 - 2 = 1	5 + 2 = 7
7 - 6 = 1	7 - 4 = 3	8 - 6 = 2	11 - 6 = 5	9 - 7 = 2	2 + 3 = 5	9 + 4 = 13	10 - 1 = 9	14 - 8 = 6
2 + 8 = 10	9 + 6 = 15	1 + 4 = 5	15 - 6 = 9	5 + 4 = 9	4 + 3 = 7	2 + 7 = 9	11 - 7 = 4	8 - 2 = 6
5 - 2 = 3	6 + 3 = 9	1 + 3 = 4	7 + 4 = 11	9 - 0 = 9	9 + 9 = 18	6 + 6 = 12	16 - 7 = 9	12 - 3 = 9

44

17 - 9 = 8	2 + 2 = 4	9 - 6 = 3	2 + 4 = 6	8 + 5 = 13	2 + 7 = 9	10 - 9 = 1	6 - 2 = 4	3 + 3 = 6
2 + 3 = 5	2 + 8 = 10	14 - 5 = 9	18 - 9 = 9	17 - 8 = 9	8 - 3 = 5	1 + 8 = 9	9 + 3 = 12	14 - 7 = 7
7 - 2 = 5	7 + 3 = 10	4 - 3 = 1	16 - 8 = 8	5 + 6 = 11	4 + 8 = 12	6 + 4 = 10	8 + 2 = 10	14 - 9 = 5
5 + 4 = 9	13 - 5 = 8	11 - 4 = 7	6 - 3 = 3	5 + 2 = 7	12 - 8 = 4	6 + 6 = 12	2 + 6 = 8	11 - 6 = 5
8 + 4 = 12	12 - 5 = 7	6 - 5 = 1	6 + 7 = 13	11 - 2 = 9	10 - 6 = 4	1 + 6 = 7	13 - 6 = 7	4 + 1 = 5
7 + 8 = 15	9 - 4 = 5	4 + 5 = 9	14 - 8 = 6	6 + 2 = 8	9 - 5 = 4	16 - 9 = 7	4 + 2 = 6	8 + 7 = 15
9 + 2 = 11	7 - 5 = 2	7 + 7 = 14	7 + 2 = 9	8 + 6 = 14	11 - 7 = 4	5 + 7 = 12	4 + 3 = 7	13 - 9 = 4
14 - 6 = 8	3 + 4 = 7	10 - 2 = 8	7 + 6 = 13	8 + 1 = 9	5 + 1 = 6	6 - 4 = 2	8 - 4 = 4	10 - 8 = 2
6 + 8 = 14	13 - 8 = 5	12 - 6 = 6	11 - 8 = 3	3 + 6 = 9	4 + 6 = 10	11 - 5 = 6	9 + 7 = 16	11 - 9 = 2

45

5 - 2 = 3	4 + 1 = 5	7 + 4 = 11	5 + 8 = 13	2 + 5 = 7	13 - 7 = 6	15 - 7 = 8	3 + 7 = 10	18 - 9 = 9
7 - 2 = 5	16 - 9 = 7	8 + 1 = 9	2 + 6 = 8	7 - 3 = 4	14 - 7 = 7	11 - 9 = 2	4 + 4 = 8	3 - 2 = 1
3 + 6 = 9	2 + 2 = 4	8 + 7 = 15	9 - 2 = 7	7 + 3 = 10	3 + 1 = 4	7 + 7 = 14	6 + 8 = 14	9 - 1 = 8
5 + 2 = 7	7 + 9 = 16	2 + 3 = 5	4 + 6 = 10	9 + 5 = 14	15 - 8 = 7	5 + 6 = 11	9 + 3 = 12	1 + 2 = 3
9 - 8 = 1	12 - 5 = 7	4 - 2 = 2	9 + 4 = 13	12 - 8 = 4	2 + 8 = 10	9 + 7 = 16	3 + 5 = 8	8 + 4 = 12
9 - 3 = 6	3 + 2 = 5	3 + 8 = 11	5 - 4 = 1	12 - 7 = 5	7 + 2 = 9	7 + 6 = 13	1 + 5 = 6	6 + 5 = 11
10 - 8 = 2	9 + 2 = 11	2 + 9 = 11	7 - 6 = 1	5 + 4 = 9	6 - 3 = 3	16 - 7 = 9	16 - 8 = 8	15 - 9 = 6
4 + 7 = 11	11 - 6 = 5	14 - 6 = 8	17 - 8 = 9	12 - 9 = 3	5 + 7 = 12	6 - 5 = 1	7 - 5 = 2	4 - 3 = 1
8 - 2 = 6	7 + 5 = 12	17 - 9 = 8	8 - 7 = 1	6 + 3 = 9	11 - 4 = 7	10 - 3 = 7	6 - 4 = 2	7 - 4 = 3

46

8 + 7 15	9 + 8 17	3 + 5 8	11 - 3 8	9 + 4 13	12 - 4 8	7 + 5 12	4 + 7 11	1 + 6 7
4 - 3 1	15 - 6 9	11 - 9 2	1 + 8 9	12 - 5 7	8 - 7 1	5 + 2 7	3 + 7 10	10 - 2 8
7 + 2 9	13 - 6 7	8 + 6 14	6 - 3 3	10 - 6 4	16 - 9 7	5 + 4 9	15 - 9 6	4 + 9 13
2 + 2 4	14 - 9 5	4 - 2 2	16 - 8 8	12 - 6 6	6 - 2 4	15 - 7 8	6 + 3 9	8 + 2 10
11 - 6 5	1 + 2 3	8 - 2 6	3 + 4 7	4 + 4 8	4 + 2 6	7 + 3 10	9 - 3 6	11 - 8 3
5 + 5 10	8 - 6 2	7 - 3 4	3 + 3 6	6 + 4 10	7 + 4 11	2 + 4 6	6 + 8 14	3 + 2 5
3 + 6 9	15 - 8 7	1 + 3 4	11 - 5 6	3 + 8 11	5 - 2 3	13 - 5 8	13 - 4 9	17 - 8 9
11 - 4 7	2 + 6 8	5 + 6 11	9 - 2 7	4 + 6 10	7 + 1 8	12 - 7 5	12 - 3 9	2 + 3 5
7 + 6 13	9 - 4 5	5 + 8 13	16 - 7 9	3 - 2 1	18 - 9 9	8 - 3 5	4 + 8 12	2 + 8 10

47

12 - 8 4	16 - 9 7	13 - 8 5	4 - 2 2	4 + 5 9	1 + 3 4	7 + 2 9	6 - 4 2	5 + 4 9
3 + 3 6	4 - 3 1	5 - 3 2	17 - 9 8	3 + 5 8	2 + 6 8	8 + 5 13	9 - 2 7	12 - 4 8
2 + 4 6	7 + 3 10	14 - 6 8	13 - 6 7	8 + 7 15	5 + 5 10	2 + 3 5	11 - 9 2	4 + 8 12
9 - 8 1	1 + 4 5	7 + 8 15	11 - 6 5	18 - 9 9	14 - 7 7	6 - 5 1	3 + 2 5	4 + 6 10
9 - 4 5	8 + 6 14	3 + 6 9	1 + 7 8	10 - 4 6	5 + 1 6	5 - 4 1	4 + 2 6	17 - 8 9
12 - 3 9	6 + 3 9	15 - 9 6	7 - 6 1	11 - 3 8	14 - 8 6	6 - 3 3	3 + 4 7	4 + 4 8
11 - 5 6	5 + 8 13	4 + 1 5	15 - 7 8	9 + 2 11	3 - 2 1	4 + 3 7	6 + 8 14	10 - 1 9
4 + 9 13	14 - 9 5	16 - 8 8	6 + 5 11	5 + 9 14	1 + 2 3	4 + 7 11	16 - 7 9	7 + 6 13
7 + 4 11	7 + 7 14	10 - 5 5	15 - 6 9	13 - 5 8	8 + 3 11	9 + 8 17	13 - 7 6	12 - 6 6

48

8 - 6 2	11 - 5 6	15 - 7 8	14 - 8 6	6 + 3 9	4 + 8 12	6 + 1 7	3 - 2 1	4 + 7 11
6 + 8 14	5 + 8 13	4 - 3 1	2 + 3 5	2 + 8 10	8 + 2 10	15 - 9 6	7 + 4 11	11 - 4 7
6 - 4 2	6 + 5 11	8 + 4 12	11 - 6 5	7 - 4 3	6 + 6 12	5 + 3 8	12 - 3 9	12 - 5 7
2 + 1 3	13 - 7 6	14 - 6 8	7 + 3 10	9 + 1 10	8 + 6 14	10 - 8 2	3 + 1 4	13 - 4 9
8 + 3 11	8 - 5 3	3 + 3 6	5 + 4 9	8 - 3 5	6 + 9 15	18 - 9 9	6 + 4 10	6 + 2 8
4 + 3 7	17 - 8 9	3 + 2 5	5 + 2 7	11 - 7 4	14 - 9 5	5 + 6 11	3 + 5 8	2 + 5 7
8 - 4 4	17 - 9 8	13 - 5 8	9 - 7 2	14 - 5 9	7 + 6 13	1 + 3 4	5 + 7 12	8 - 2 6
6 - 3 3	4 + 2 6	7 + 8 15	7 + 2 9	7 + 7 14	5 + 5 10	2 + 4 6	14 - 7 7	12 - 7 5
4 - 2 2	7 - 6 1	10 - 1 9	9 - 2 7	8 - 7 1	16 - 7 9	15 - 8 7	1 + 7 8	5 - 2 3

49

2 + 6 8	16 - 8 8	8 + 7 15	5 - 4 1	7 + 2 9	9 - 1 8	13 - 5 8	2 + 2 4	2 + 3 5
2 + 5 7	7 - 3 4	8 - 4 4	17 - 9 8	7 - 5 2	12 - 4 8	6 + 2 8	3 + 8 11	3 + 3 6
14 - 7 7	9 + 7 16	17 - 8 9	5 + 4 9	5 - 3 2	8 + 9 17	9 - 3 6	14 - 6 8	9 + 3 12
7 - 4 3	8 + 3 11	3 - 2 1	5 + 3 8	18 - 9 9	11 - 6 5	4 - 3 1	4 + 8 12	6 + 4 10
2 + 1 3	15 - 7 8	8 + 4 12	2 + 8 10	2 + 7 9	15 - 9 6	3 + 4 7	4 + 3 7	11 - 7 4
4 + 6 10	6 + 7 13	3 + 2 5	6 + 9 15	6 - 3 3	10 - 8 2	3 + 9 12	13 - 7 6	1 + 4 5
16 - 7 9	10 - 3 7	5 + 5 10	13 - 4 9	11 - 8 3	9 + 8 17	5 + 7 12	7 - 2 5	9 + 5 14
7 + 3 10	8 + 6 14	6 - 5 1	10 - 4 6	7 + 4 11	13 - 6 7	10 - 7 3	6 + 3 9	4 + 5 9
11 - 2 9	13 - 8 5	12 - 5 7	7 - 6 1	5 - 2 3	4 - 2 2	4 + 7 11	3 + 6 9	5 + 8 13

50

1 + 1 2	8 + 3 11	7 - 3 4	3 + 8 11	5 + 8 13	6 + 4 10	3 + 4 7	5 + 2 7	16 - 8 8
5 - 2 3	13 - 9 4	5 - 3 2	1 + 5 6	10 - 8 2	5 + 7 12	14 - 9 5	9 - 2 7	7 + 6 13
7 - 4 3	3 + 9 12	8 + 4 12	10 - 7 3	9 - 6 3	10 - 1 9	2 + 7 9	8 + 9 17	10 - 4 6
7 + 2 9	15 - 8 7	3 + 2 5	12 - 5 7	17 - 9 8	6 + 6 12	11 - 4 7	18 - 9 9	1 + 3 4
2 + 3 5	5 + 3 8	8 - 5 3	5 + 4 9	9 + 4 13	12 - 8 4	14 - 6 8	2 + 9 11	15 - 6 9
9 - 1 8	7 + 8 15	4 + 7 11	6 + 7 13	8 + 8 16	7 + 5 12	6 - 2 4	13 - 4 9	5 + 1 6
4 + 4 8	6 + 8 14	13 - 5 8	5 - 4 1	16 - 7 9	6 - 5 1	4 + 2 6	3 - 2 1	3 + 3 6
7 + 3 10	4 + 8 12	4 - 3 1	17 - 8 9	6 - 4 2	2 + 2 4	16 - 9 7	13 - 7 6	12 - 4 8
15 - 9 6	8 - 3 5	1 + 6 7	7 - 2 5	4 - 2 2	9 + 2 11	6 + 3 9	3 + 1 4	5 + 6 11

51

9 - 6 3	5 + 7 12	3 + 3 6	3 + 8 11	6 - 5 1	2 + 6 8	4 + 8 12	10 - 7 3	18 - 9 9
6 - 3 3	6 - 4 2	16 - 7 9	8 + 2 10	5 - 4 1	11 - 8 3	1 + 4 5	8 + 1 9	2 + 8 10
4 + 7 11	13 - 6 7	9 - 8 1	3 - 2 1	3 + 7 10	7 + 8 15	12 - 8 4	5 + 2 7	7 + 7 14
16 - 9 7	9 + 4 13	5 - 3 2	12 - 5 7	12 - 4 8	13 - 7 6	2 + 2 4	8 + 9 17	15 - 8 7
17 - 9 8	8 + 3 11	1 + 2 3	4 + 9 13	7 - 3 4	14 - 8 6	14 - 7 7	7 + 2 9	8 + 7 15
5 + 5 10	1 + 6 7	17 - 8 9	9 - 2 7	6 + 2 8	9 - 3 6	8 + 4 12	4 + 4 8	13 - 5 8
14 - 6 8	6 - 2 4	7 - 4 3	13 - 8 5	11 - 6 5	6 + 6 12	9 + 5 14	4 - 3 1	8 - 4 4
5 + 6 11	6 + 1 7	3 + 4 7	4 - 2 2	2 + 5 7	11 - 7 4	6 + 5 11	9 - 5 4	4 + 2 6
8 + 6 14	7 + 5 12	6 + 8 14	10 - 2 8	7 + 4 11	8 - 7 1	13 - 9 4	5 + 4 9	5 + 3 8

52

16 - 7 9	5 - 3 2	10 - 2 8	15 - 8 7	17 - 9 8	3 - 2 1	9 - 2 7	11 - 8 3	8 + 6 14
4 - 2 2	5 + 6 11	7 + 5 12	8 + 5 13	9 + 8 17	8 + 4 12	10 - 3 7	1 + 3 4	7 + 6 13
8 + 1 9	14 - 6 8	9 - 6 3	8 + 2 10	6 + 9 15	3 + 6 9	6 - 4 2	8 - 3 5	6 + 6 12
1 + 4 5	16 - 9 7	3 + 7 10	6 + 8 14	13 - 7 6	7 + 7 14	2 + 6 8	13 - 4 9	5 + 3 8
16 - 8 8	9 - 1 8	12 - 6 6	4 + 8 12	4 + 7 11	11 - 3 8	14 - 5 9	5 + 8 13	7 + 4 11
7 - 4 3	8 + 3 11	8 + 9 17	8 - 7 1	2 + 4 6	3 + 4 7	11 - 5 6	4 - 3 1	5 - 2 3
4 + 2 6	7 - 5 2	5 + 7 12	3 + 5 8	11 - 9 2	9 + 4 13	13 - 6 7	9 + 7 16	9 - 4 5
6 + 7 13	7 - 6 1	14 - 7 7	5 - 4 1	1 + 1 2	6 - 5 1	15 - 7 8	6 + 3 9	2 + 7 9
4 + 5 9	4 + 4 8	9 + 3 12	5 + 2 7	4 + 9 13	14 - 9 5	11 - 4 7	12 - 8 4	8 - 4 4

53

8 - 5 3	4 + 4 8	17 - 9 8	6 - 5 1	3 + 5 8	4 + 9 13	13 - 6 7	3 - 2 1	13 - 5 8
4 + 1 5	2 + 6 8	7 - 4 3	5 + 7 12	2 + 2 4	7 - 3 4	10 - 5 5	6 + 1 7	15 - 9 6
17 - 8 9	8 - 4 4	3 + 4 7	9 - 5 4	7 - 6 1	5 + 2 7	7 + 4 11	8 + 3 11	14 - 8 6
9 + 6 15	15 - 8 7	12 - 8 4	1 + 3 4	5 - 4 1	4 + 7 11	5 + 6 11	16 - 8 8	3 + 7 10
2 + 8 10	16 - 7 9	2 + 7 9	8 + 9 17	4 + 3 7	2 + 9 11	8 + 2 10	1 + 7 8	10 - 8 2
4 - 2 2	7 - 5 2	2 + 4 6	13 - 7 6	10 - 6 4	6 + 2 8	8 - 3 5	2 + 1 3	7 + 8 15
6 + 7 13	9 - 4 5	6 - 2 4	14 - 5 9	3 + 6 9	1 + 2 3	10 - 3 7	12 - 9 3	11 - 7 4
12 - 5 7	9 - 2 7	4 + 6 10	8 + 4 12	11 - 4 7	7 - 2 5	7 + 2 9	14 - 7 7	15 - 6 9
8 - 6 2	3 + 8 11	6 + 8 14	2 + 5 7	7 + 5 12	7 + 6 13	9 + 3 12	7 + 1 8	16 - 9 7

54

6 + 4 = 10	2 + 6 = 8	12 - 6 = 6	10 - 4 = 6	6 - 4 = 2	8 + 7 = 15	14 - 6 = 8	9 + 9 = 18	7 - 4 = 3
7 + 7 = 14	10 - 1 = 9	6 + 3 = 9	12 - 8 = 4	2 + 8 = 10	12 - 7 = 5	11 - 7 = 4	8 + 1 = 9	5 - 2 = 3
6 - 5 = 1	9 + 4 = 13	4 + 5 = 9	4 + 2 = 6	5 - 3 = 2	6 + 5 = 11	3 + 1 = 4	11 - 3 = 8	7 + 3 = 10
4 + 8 = 12	13 - 7 = 6	10 - 2 = 8	4 + 7 = 11	13 - 4 = 9	14 - 5 = 9	8 + 6 = 14	2 + 5 = 7	18 - 9 = 9
11 - 5 = 6	9 - 8 = 1	3 - 2 = 1	8 + 4 = 12	8 + 3 = 11	4 + 4 = 8	8 - 4 = 4	8 - 6 = 2	16 - 8 = 8
9 - 7 = 2	17 - 8 = 9	4 - 3 = 1	9 + 5 = 14	12 - 5 = 7	13 - 6 = 7	8 + 5 = 13	7 + 6 = 13	1 + 7 = 8
15 - 7 = 8	5 + 6 = 11	5 - 4 = 1	5 + 9 = 14	13 - 5 = 8	10 - 6 = 4	7 - 5 = 2	3 + 4 = 7	3 + 8 = 11
6 + 9 = 15	12 - 4 = 8	1 + 3 = 4	8 + 8 = 16	3 + 2 = 5	2 + 2 = 4	5 + 2 = 7	13 - 9 = 4	12 - 9 = 3
7 + 2 = 9	2 + 7 = 9	6 + 8 = 14	5 + 5 = 10	15 - 8 = 7	14 - 8 = 6	4 + 6 = 10	3 + 3 = 6	10 - 8 = 2

55

3 - 2 = 1	3 + 2 = 5	12 - 4 = 8	2 + 4 = 6	11 - 5 = 6	16 - 9 = 7	10 - 9 = 1	9 + 8 = 17	4 + 2 = 6
2 + 8 = 10	13 - 9 = 4	15 - 6 = 9	6 - 3 = 3	4 + 3 = 7	10 - 1 = 9	17 - 9 = 8	14 - 6 = 8	4 + 1 = 5
8 + 6 = 14	11 - 7 = 4	6 + 2 = 8	8 - 3 = 5	5 + 5 = 10	5 - 2 = 3	5 + 4 = 9	10 - 7 = 3	8 + 4 = 12
8 - 6 = 2	16 - 8 = 8	8 + 9 = 17	10 - 5 = 5	7 + 1 = 8	11 - 8 = 3	18 - 9 = 9	12 - 3 = 9	7 + 9 = 16
7 - 2 = 5	8 + 8 = 16	8 - 4 = 4	2 + 7 = 9	2 + 2 = 4	9 + 3 = 12	4 + 5 = 9	8 + 3 = 11	7 - 6 = 1
14 - 8 = 6	15 - 7 = 8	4 + 4 = 8	6 + 6 = 12	9 - 3 = 6	15 - 8 = 7	10 - 2 = 8	6 + 7 = 13	6 + 3 = 9
10 - 8 = 2	2 + 3 = 5	5 + 8 = 13	10 - 4 = 6	9 + 4 = 13	3 + 1 = 4	5 + 6 = 11	1 + 8 = 9	9 - 7 = 2
16 - 7 = 9	3 + 5 = 8	3 + 4 = 7	3 + 6 = 9	5 + 7 = 12	1 + 3 = 4	9 - 6 = 3	13 - 6 = 7	7 + 4 = 11
8 + 1 = 9	10 - 3 = 7	8 + 5 = 13	3 + 8 = 11	11 - 6 = 5	11 - 2 = 9	5 - 3 = 2	17 - 8 = 9	4 + 8 = 12

56

6 + 2 = 8	3 + 3 = 6	15 - 7 = 8	5 + 7 = 12	4 + 7 = 11	9 - 4 = 5	8 + 2 = 10	5 - 3 = 2	5 + 3 = 8
2 + 9 = 11	6 + 7 = 13	6 - 5 = 1	7 + 2 = 9	11 - 8 = 3	12 - 4 = 8	4 + 4 = 8	7 + 7 = 14	8 - 7 = 1
4 + 9 = 13	2 + 5 = 7	1 + 6 = 7	6 + 6 = 12	7 + 9 = 16	7 - 4 = 3	11 - 4 = 7	8 + 3 = 11	8 + 1 = 9
13 - 8 = 5	5 + 4 = 9	10 - 8 = 2	17 - 9 = 8	12 - 7 = 5	8 - 4 = 4	5 - 2 = 3	3 - 2 = 1	2 + 7 = 9
8 - 6 = 2	14 - 9 = 5	4 + 1 = 5	10 - 6 = 4	6 - 3 = 3	2 + 3 = 5	13 - 6 = 7	7 - 3 = 4	18 - 9 = 9
9 + 4 = 13	6 + 8 = 14	14 - 6 = 8	8 + 5 = 13	7 + 3 = 10	8 - 5 = 3	13 - 5 = 8	6 + 5 = 11	3 + 7 = 10
3 + 4 = 7	17 - 8 = 9	16 - 8 = 8	4 + 8 = 12	10 - 9 = 1	4 - 2 = 2	7 + 5 = 12	1 + 8 = 9	9 - 1 = 8
5 + 5 = 10	4 - 3 = 1	12 - 8 = 4	13 - 7 = 6	12 - 9 = 3	4 + 3 = 7	2 + 8 = 10	7 + 4 = 11	16 - 9 = 7
8 + 6 = 14	7 - 6 = 1	6 + 1 = 7	8 + 4 = 12	5 + 1 = 6	15 - 6 = 9	15 - 8 = 7	12 - 3 = 9	4 + 2 = 6

57

12 - 8 = 4	13 - 6 = 7	11 - 4 = 7	14 - 8 = 6	6 + 8 = 14	5 + 5 = 10	17 - 9 = 8	2 + 3 = 5	4 + 3 = 7
18 - 9 = 9	5 + 7 = 12	15 - 8 = 7	16 - 8 = 8	5 - 3 = 2	8 + 6 = 14	11 - 2 = 9	4 + 7 = 11	2 + 5 = 7
3 + 7 = 10	6 + 6 = 12	1 + 7 = 8	10 - 6 = 4	7 + 4 = 11	3 + 2 = 5	6 - 3 = 3	4 + 6 = 10	7 + 7 = 14
9 + 7 = 16	11 - 5 = 6	6 + 4 = 10	10 - 7 = 3	8 + 8 = 16	8 + 3 = 11	7 + 3 = 10	3 - 2 = 1	9 - 7 = 2
12 - 9 = 3	13 - 7 = 6	7 - 4 = 3	9 - 6 = 3	7 - 2 = 5	10 - 1 = 9	13 - 8 = 5	5 + 1 = 6	8 + 5 = 13
5 + 3 = 8	7 + 1 = 8	8 + 7 = 15	9 - 1 = 8	7 + 8 = 15	2 + 2 = 4	3 + 1 = 4	15 - 9 = 6	5 + 6 = 11
3 + 4 = 7	2 + 6 = 8	13 - 5 = 8	16 - 9 = 7	6 - 5 = 1	14 - 7 = 7	16 - 7 = 9	11 - 8 = 3	10 - 4 = 6
10 - 5 = 5	4 - 3 = 1	6 + 2 = 8	4 + 9 = 13	8 - 3 = 5	9 - 0 = 9	8 - 6 = 2	1 + 4 = 5	6 + 3 = 9
4 - 2 = 2	7 + 5 = 12	15 - 7 = 8	7 - 5 = 2	2 + 4 = 6	3 + 5 = 8	5 + 4 = 9	7 + 6 = 13	4 + 5 = 9

58

7 - 6 1	4 - 3 1	9 + 8 17	16 - 9 7	2 + 9 11	6 - 5 1	11 - 6 5	12 - 7 5	5 + 5 10
4 + 9 13	6 + 4 10	9 - 5 4	6 + 1 7	4 + 6 10	18 - 9 9	17 - 8 9	7 + 5 12	3 + 5 8
1 + 4 5	8 + 6 14	1 + 9 10	5 + 7 12	14 - 9 5	4 + 3 7	7 + 4 11	13 - 5 8	8 - 7 1
1 + 3 4	7 + 8 15	15 - 6 9	11 - 4 7	7 + 3 10	11 - 8 3	2 + 4 6	3 + 6 9	8 + 7 15
15 - 7 8	7 - 4 3	6 - 2 4	4 + 1 5	5 + 2 7	5 + 9 14	13 - 6 7	9 + 5 14	14 - 7 7
5 - 2 3	1 + 6 7	3 - 2 1	7 + 2 9	9 + 4 13	6 + 5 11	8 + 5 13	9 - 6 3	14 - 8 6
10 - 7 3	14 - 6 8	15 - 9 6	4 + 8 12	3 + 4 7	12 - 5 7	6 - 4 2	5 - 4 1	3 + 1 4
7 - 3 4	10 - 6 4	16 - 8 8	17 - 9 8	9 - 0 9	8 - 3 5	5 + 4 9	7 + 6 13	9 - 1 8
8 - 5 3	11 - 3 8	8 + 2 10	8 - 4 4	8 + 3 11	4 + 5 9	2 + 2 4	8 + 4 12	7 + 9 16

59

1 + 8 9	11 - 7 4	7 + 4 11	8 + 2 10	3 + 4 7	5 + 7 12	8 + 9 17	7 + 7 14	18 - 9 9
4 + 8 12	16 - 8 8	1 + 3 4	4 + 2 6	3 - 2 1	6 + 1 7	6 - 5 1	5 + 8 13	8 - 5 3
6 + 7 13	4 - 2 2	14 - 7 7	5 + 2 7	17 - 8 9	2 + 3 5	14 - 8 6	3 + 6 9	7 + 6 13
7 + 1 8	2 + 7 9	10 - 9 1	5 - 3 2	12 - 5 7	8 + 8 16	16 - 9 7	5 - 4 1	17 - 9 8
16 - 7 9	2 + 9 11	15 - 8 7	4 - 3 1	9 + 2 11	7 + 8 15	12 - 7 5	5 - 2 3	7 - 6 1
11 - 4 7	13 - 7 6	3 + 7 10	5 + 6 11	10 - 7 3	8 + 4 12	11 - 6 5	6 + 6 12	7 + 2 9
15 - 7 8	6 - 3 3	10 - 5 5	9 + 3 12	4 + 7 11	9 - 5 4	13 - 5 8	2 + 6 8	7 + 5 12
4 + 6 10	8 + 6 14	1 + 7 8	9 + 7 16	1 + 4 5	4 + 5 9	8 - 7 1	6 + 3 9	2 + 4 6
11 - 3 8	9 - 3 6	2 + 2 4	8 - 3 5	12 - 8 4	7 - 2 5	15 - 9 6	13 - 6 7	10 - 2 8

60

7 + 1 8	7 + 9 16	1 + 6 7	3 + 4 7	9 - 2 7	7 - 6 1	14 - 6 8	6 + 2 8	7 + 7 14
8 - 2 6	7 + 6 13	17 - 8 9	3 + 8 11	10 - 7 3	5 + 3 8	3 + 7 10	8 - 5 3	2 + 5 7
9 + 7 16	5 + 5 10	5 + 7 12	3 + 1 4	4 - 2 2	3 - 2 1	2 + 4 6	8 + 6 14	5 - 4 1
11 - 3 8	7 + 8 15	9 - 4 5	6 + 4 10	6 + 7 13	5 - 2 3	9 - 8 1	14 - 7 7	3 + 5 8
12 - 3 9	8 - 6 2	18 - 9 9	2 + 3 5	8 + 1 9	7 + 2 9	13 - 6 7	12 - 7 5	1 + 3 4
2 + 9 11	11 - 2 9	5 + 6 11	1 + 5 6	10 - 3 7	13 - 8 5	6 + 6 12	2 + 6 8	5 - 3 2
6 + 8 14	4 - 3 1	9 - 3 6	8 + 3 11	17 - 9 8	15 - 9 6	12 - 6 6	3 + 2 5	16 - 7 9
3 + 9 12	2 + 2 4	8 - 4 4	11 - 7 4	4 + 1 5	3 + 6 9	16 - 9 7	7 - 4 3	7 - 5 2
4 + 6 10	8 + 8 16	16 - 8 8	9 - 7 2	8 - 7 1	13 - 5 8	7 + 5 12	10 - 6 4	4 + 7 11

61

14 - 8 6	7 + 2 9	4 + 6 10	2 + 6 8	16 - 8 8	6 + 4 10	3 + 1 4	6 + 3 9	14 - 5 9
5 + 7 12	10 - 5 5	9 + 5 14	9 - 4 5	13 - 7 6	8 + 3 11	18 - 9 9	12 - 4 8	9 - 1 8
1 + 4 5	8 + 6 14	8 + 8 16	6 + 2 8	7 + 6 13	1 + 7 8	13 - 5 8	7 + 9 16	8 + 4 12
2 + 7 9	6 - 4 2	3 + 9 12	7 + 5 12	7 - 3 4	11 - 5 6	9 + 6 15	7 + 7 14	9 - 2 7
7 - 4 3	4 + 4 8	11 - 3 8	5 - 4 1	3 + 7 10	13 - 6 7	8 - 4 4	7 + 3 10	6 - 5 1
5 + 5 10	5 + 8 13	3 + 6 9	14 - 7 7	3 + 2 5	12 - 5 7	6 - 2 4	8 - 5 3	11 - 8 3
5 + 9 14	9 + 1 10	4 + 8 12	3 - 2 1	12 - 6 6	7 + 4 11	17 - 9 8	7 - 5 2	4 + 3 7
5 + 4 9	2 + 8 10	17 - 8 9	16 - 7 9	12 - 3 9	4 + 7 11	13 - 8 5	11 - 4 7	7 + 8 15
9 - 0 9	10 - 8 2	9 - 7 2	2 + 3 5	9 - 5 4	3 + 8 11	14 - 6 8	10 - 3 7	3 + 4 7

62

10 - 6 4	3 - 2 1	5 - 2 3	9 - 6 3	11 - 4 7	8 - 7 1	5 + 2 7	4 + 5 9	5 + 6 11
9 + 2 11	11 - 3 8	6 - 4 2	9 - 8 1	11 - 5 6	3 + 6 9	6 + 6 12	5 + 3 8	7 - 6 1
4 + 8 12	16 - 8 8	11 - 7 4	5 + 4 9	13 - 5 8	5 + 8 13	8 - 6 2	10 - 5 5	15 - 9 6
5 - 4 1	2 + 3 5	14 - 7 7	17 - 8 9	7 + 1 8	3 + 4 7	7 + 6 13	8 + 1 9	8 + 6 14
2 + 1 3	2 + 5 7	4 + 7 11	16 - 7 9	17 - 9 8	6 - 3 3	8 - 5 3	1 + 4 5	2 + 9 11
6 + 9 15	10 - 9 1	3 + 2 5	18 - 9 9	15 - 8 7	1 + 3 4	13 - 4 9	13 - 8 5	7 + 5 12
12 - 4 8	4 + 6 10	6 + 4 10	5 + 5 10	11 - 6 5	1 + 8 9	11 - 2 9	5 + 7 12	4 + 2 6
2 + 7 9	4 + 3 7	2 + 6 8	4 - 3 1	14 - 8 6	1 + 7 8	12 - 6 6	8 - 4 4	9 + 6 15
8 + 9 17	6 + 8 14	4 + 4 8	9 - 1 8	8 + 7 15	8 + 4 12	16 - 9 7	7 - 2 5	4 - 2 2

63

4 - 3 1	8 + 2 10	7 + 4 11	2 + 5 7	3 + 4 7	15 - 9 6	5 + 2 7	3 + 5 8	9 + 4 13
2 + 7 9	15 - 7 8	14 - 9 5	11 - 8 3	14 - 7 7	8 + 9 17	2 + 4 6	8 - 4 4	3 + 1 4
6 + 5 11	16 - 8 8	5 + 3 8	9 - 2 7	2 + 6 8	13 - 6 7	3 + 9 12	6 + 3 9	18 - 9 9
8 - 6 2	10 - 2 8	9 - 4 5	14 - 6 8	4 + 6 10	17 - 9 8	9 - 6 3	16 - 7 9	7 + 8 15
7 + 6 13	7 - 4 3	15 - 6 9	4 + 2 6	1 + 9 10	7 + 5 12	2 + 3 5	16 - 9 7	5 - 3 2
10 - 4 6	7 + 3 10	12 - 7 5	12 - 6 6	1 + 6 7	6 - 3 3	15 - 8 7	4 + 1 5	5 + 8 13
11 - 6 5	9 + 5 14	13 - 5 8	8 - 2 6	9 + 8 17	7 - 3 4	3 + 6 9	9 + 2 11	13 - 8 5
4 + 9 13	3 + 2 5	12 - 8 4	8 + 8 16	8 + 5 13	5 - 4 1	13 - 4 9	10 - 6 4	5 + 7 12
1 + 5 6	7 - 5 2	11 - 5 6	1 + 7 8	1 + 3 4	9 + 3 12	3 + 8 11	7 - 2 5	11 - 4 7

64

18 - 9 9	5 + 9 14	3 - 2 1	10 - 6 4	16 - 8 8	14 - 9 5	8 + 1 9	5 + 2 7	4 + 7 11
12 - 7 5	9 + 6 15	6 + 4 10	6 + 2 8	8 - 7 1	4 - 3 1	7 - 4 3	12 - 6 6	4 - 2 2
7 + 4 11	9 - 5 4	5 + 4 9	8 + 5 13	10 - 5 5	10 - 9 1	9 + 9 18	2 + 3 5	14 - 8 6
3 + 7 10	7 + 7 14	3 + 5 8	3 + 4 7	5 + 6 11	6 + 6 12	17 - 9 8	12 - 4 8	8 + 8 16
5 - 3 2	5 - 4 1	13 - 9 4	15 - 6 9	9 + 5 14	8 + 9 17	7 + 8 15	6 + 5 11	11 - 8 3
15 - 9 6	4 + 6 10	13 - 5 8	7 + 5 12	7 + 6 13	7 - 5 2	4 + 5 9	4 + 3 7	7 + 9 16
1 + 2 3	14 - 7 7	6 + 3 9	9 + 8 17	11 - 7 4	8 + 7 15	8 - 6 2	12 - 5 7	17 - 8 9
9 - 8 1	8 + 2 10	10 - 3 7	8 + 3 11	10 - 2 8	1 + 1 2	2 + 4 6	9 - 4 5	9 - 3 6
7 - 3 4	9 + 4 13	11 - 5 6	2 + 7 9	11 - 6 5	10 - 7 3	5 + 8 13	15 - 8 7	2 + 8 10

65

15 - 9 6	2 + 3 5	2 + 4 6	17 - 8 9	6 + 7 13	5 - 2 3	12 - 6 6	6 - 3 3	6 + 2 8
10 - 6 4	8 + 2 10	7 + 3 10	10 - 5 5	7 - 6 1	6 + 1 7	15 - 7 8	7 + 6 13	3 - 2 1
5 + 6 11	6 + 5 11	5 + 3 8	7 + 8 15	8 - 5 3	1 + 2 3	12 - 4 8	5 - 4 1	17 - 9 8
8 + 5 13	3 + 4 7	12 - 7 5	7 + 9 16	18 - 9 9	3 + 6 9	7 - 5 2	8 + 1 9	2 + 7 9
16 - 9 7	13 - 7 6	1 + 5 6	2 + 2 4	6 + 8 14	7 + 7 14	12 - 3 9	11 - 7 4	7 + 5 12
4 + 2 6	9 + 3 12	1 + 7 8	13 - 6 7	11 - 5 6	14 - 7 7	8 + 6 14	4 - 2 2	3 + 9 12
10 - 1 9	8 + 8 16	9 + 6 15	5 - 3 2	9 - 3 6	9 + 9 18	1 + 3 4	6 + 9 15	1 + 6 7
8 - 2 6	3 + 2 5	4 + 7 11	10 - 2 8	9 - 2 7	8 + 4 12	4 + 3 7	9 - 0 9	5 + 7 12
10 - 3 7	15 - 8 7	4 + 9 13	8 - 6 2	16 - 8 8	4 - 3 1	9 - 8 1	13 - 9 4	7 - 4 3

66

1 + 3 4	17 - 8 9	15 - 8 7	3 + 7 10	7 - 5 2	8 + 6 14	9 + 5 14	16 - 7 9	13 - 8 5
8 + 8 16	12 - 5 7	13 - 9 4	18 - 9 9	7 + 2 9	3 + 9 12	2 + 3 5	5 + 7 12	9 - 6 3
10 - 6 4	4 - 3 1	4 - 2 2	6 + 6 12	14 - 7 7	2 + 8 10	10 - 5 5	11 - 8 3	5 + 5 10
7 - 6 1	10 - 8 2	16 - 9 7	4 + 5 9	11 - 3 8	4 + 8 12	5 + 3 8	8 - 6 2	13 - 7 6
4 + 3 7	2 + 2 4	10 - 9 1	2 + 4 6	14 - 6 8	8 + 7 15	15 - 7 8	8 + 2 10	6 + 8 14
6 - 5 1	3 + 2 5	17 - 9 8	7 + 4 11	3 + 3 6	3 - 2 1	5 + 2 7	12 - 8 4	5 + 6 11
7 + 6 13	11 - 9 2	9 + 4 13	8 + 5 13	6 - 4 2	9 + 8 17	9 - 3 6	11 - 7 4	7 - 4 3
15 - 9 6	6 + 1 7	6 + 5 11	4 + 7 11	5 - 3 2	8 + 1 9	5 - 4 1	14 - 9 5	4 + 2 6
6 - 3 3	7 + 8 15	13 - 5 8	9 + 1 10	1 + 7 8	6 + 3 9	5 + 1 6	8 + 9 17	11 - 6 5

67

4 + 2 6	6 + 2 8	1 + 9 10	4 - 3 1	8 - 7 1	17 - 9 8	5 + 4 9	1 + 7 8	3 - 2 1
5 + 5 10	9 + 3 12	8 - 5 3	12 - 6 6	3 + 6 9	17 - 8 9	12 - 4 8	5 + 3 8	6 + 8 14
13 - 6 7	7 - 4 3	8 + 7 15	18 - 9 9	9 - 5 4	5 + 7 12	2 + 4 6	7 + 8 15	12 - 8 4
10 - 1 9	6 + 9 15	7 + 2 9	10 - 7 3	2 + 2 4	12 - 7 5	3 + 9 12	2 + 5 7	8 + 5 13
4 + 8 12	6 + 3 9	13 - 9 4	12 - 5 7	6 + 6 12	14 - 6 8	1 + 6 7	8 - 6 2	6 - 3 3
1 + 2 3	15 - 8 7	13 - 7 6	14 - 8 6	2 + 7 9	15 - 9 6	11 - 5 6	14 - 5 9	9 + 6 15
2 + 6 8	6 + 1 7	8 + 4 12	11 - 7 4	8 - 3 5	3 + 4 7	4 + 5 9	5 + 6 11	7 + 6 13
6 - 4 2	16 - 8 8	2 + 9 11	5 + 9 14	9 - 4 5	7 - 2 5	8 - 4 4	4 + 4 8	13 - 8 5
8 + 8 16	3 + 8 11	11 - 8 3	5 - 4 1	2 + 8 10	7 - 3 4	10 - 2 8	8 + 6 14	5 - 3 2

68

2 + 8 10	14 - 9 5	8 + 8 16	2 + 7 9	8 + 5 13	9 + 4 13	9 - 7 2	7 - 4 3	13 - 9 4
8 + 4 12	8 - 7 1	4 + 2 6	16 - 8 8	10 - 2 8	5 + 7 12	2 + 6 8	7 + 1 8	1 + 4 5
7 - 5 2	17 - 8 9	3 - 2 1	5 + 9 14	13 - 5 8	12 - 8 4	5 + 6 11	5 - 4 1	14 - 5 9
4 + 8 12	2 + 5 7	9 + 2 11	8 - 5 3	5 + 2 7	5 - 3 2	8 + 2 10	6 + 4 10	7 + 5 12
10 - 8 2	3 + 3 6	3 + 5 8	17 - 9 8	6 + 3 9	15 - 7 8	5 + 3 8	12 - 3 9	14 - 7 7
12 - 5 7	8 - 6 2	14 - 8 6	6 + 1 7	4 + 5 9	15 - 8 7	4 + 9 13	10 - 6 4	6 + 2 8
4 + 4 8	4 + 3 7	9 - 3 6	11 - 6 5	5 - 2 3	8 + 1 9	2 + 3 5	7 + 9 16	4 - 3 1
9 - 2 7	4 + 6 10	6 - 5 1	13 - 8 5	13 - 7 6	10 - 7 3	13 - 4 9	11 - 9 2	3 + 1 4
3 + 4 7	9 - 5 4	1 + 7 8	6 + 8 14	2 + 4 6	16 - 7 9	3 + 6 9	2 + 1 3	8 - 4 4

69

8 + 7 15	9 + 6 15	4 + 6 10	15 - 9 6	13 - 6 7	2 + 7 9	15 - 7 8	2 + 3 5	4 - 3 1
5 + 3 8	13 - 8 5	5 + 1 6	9 + 2 11	15 - 8 7	16 - 8 8	5 - 4 1	7 + 7 14	2 + 4 6
3 - 2 1	5 - 2 3	11 - 3 8	10 - 1 9	3 + 1 4	17 - 9 8	12 - 7 5	7 - 6 1	8 - 6 2
12 - 9 3	11 - 4 7	5 - 3 2	4 + 4 8	9 + 1 10	4 + 1 5	4 + 7 11	7 - 3 4	10 - 3 7
11 - 7 4	5 + 5 10	10 - 8 2	16 - 9 7	6 + 3 9	8 + 5 13	3 + 6 9	17 - 8 9	9 - 1 8
9 + 9 18	5 + 6 11	4 + 8 12	6 + 4 10	10 - 4 6	2 + 8 10	4 + 2 6	2 + 2 4	7 - 5 2
6 + 8 14	9 - 3 6	9 + 8 17	7 + 8 15	6 + 7 13	14 - 6 8	6 + 6 12	9 + 7 16	18 - 9 9
12 - 5 7	8 - 5 3	14 - 7 7	2 + 1 3	2 + 6 8	8 + 2 10	2 + 5 7	5 + 9 14	11 - 5 6
9 + 3 12	15 - 6 9	14 - 9 5	14 - 8 6	5 + 2 7	16 - 7 9	6 - 5 1	1 + 5 6	4 + 5 9

70

2 + 2 4	8 + 7 15	8 - 6 2	17 - 8 9	17 - 9 8	5 - 4 1	5 + 2 7	1 + 2 3	12 - 4 8
9 - 1 8	9 + 4 13	12 - 7 5	6 + 1 7	16 - 8 8	5 + 5 10	4 + 2 6	13 - 8 5	13 - 5 8
13 - 6 7	8 + 8 16	8 + 2 10	6 + 8 14	7 - 4 3	12 - 8 4	6 + 4 10	6 - 3 3	4 + 3 7
16 - 7 9	15 - 7 8	6 + 5 11	8 + 1 9	5 + 8 13	4 + 5 9	6 + 3 9	4 - 3 1	18 - 9 9
5 - 2 3	15 - 8 7	14 - 5 9	2 + 8 10	8 + 4 12	6 - 4 2	7 - 5 2	12 - 6 6	5 + 3 8
5 + 4 9	10 - 5 5	15 - 9 6	7 - 3 4	8 + 6 14	2 + 3 5	8 - 2 6	14 - 6 8	5 + 6 11
5 - 3 2	4 + 4 8	4 - 2 2	9 - 2 7	6 + 7 13	3 - 2 1	2 + 9 11	1 + 6 7	7 + 7 14
10 - 3 7	4 + 9 13	5 + 7 12	2 + 6 8	3 + 8 11	14 - 9 5	7 + 2 9	11 - 8 3	1 + 5 6
3 + 7 10	2 + 7 9	9 - 0 9	4 + 6 10	10 - 2 8	11 - 3 8	2 + 4 6	4 + 8 12	14 - 8 6

71

16 - 9 7	17 - 8 9	8 + 7 15	9 + 8 17	5 + 1 6	9 - 6 3	15 - 8 7	12 - 3 9	14 - 8 6
11 - 4 7	11 - 5 6	15 - 6 9	5 + 3 8	16 - 8 8	10 - 1 9	1 + 1 2	17 - 9 8	6 - 2 4
3 + 8 11	8 - 3 5	6 + 2 8	14 - 6 8	8 + 3 11	18 - 9 9	2 + 6 8	8 + 6 14	5 - 4 1
4 - 3 1	3 + 2 5	13 - 5 8	9 - 4 5	4 + 3 7	7 + 5 12	5 + 4 9	12 - 8 4	9 - 8 1
13 - 7 6	2 + 8 10	5 + 5 10	1 + 7 8	1 + 8 9	16 - 7 9	3 + 4 7	4 + 7 11	5 + 8 13
13 - 6 7	7 + 6 13	2 + 2 4	5 + 6 11	11 - 9 2	8 - 4 4	4 + 2 6	8 - 5 3	9 - 1 8
7 + 7 14	1 + 2 3	6 - 5 1	5 + 2 7	3 - 2 1	6 + 7 13	8 + 8 16	3 + 9 12	15 - 9 6
9 - 7 2	4 - 2 2	10 - 6 4	13 - 4 9	6 + 6 12	7 + 8 15	9 - 3 6	2 + 1 3	4 + 8 12
1 + 3 4	7 + 2 9	12 - 4 8	10 - 2 8	5 - 3 2	8 + 2 10	2 + 3 5	2 + 7 9	6 + 3 9

72

7 - 3 4	1 + 5 6	18 - 9 9	8 + 4 12	1 + 2 3	17 - 8 9	6 + 6 12	1 + 6 7	1 + 8 9
16 - 8 8	3 - 2 1	4 - 3 1	3 + 2 5	8 + 8 16	6 + 5 11	17 - 9 8	3 + 7 10	9 - 6 3
15 - 7 8	7 + 5 12	5 - 4 1	9 - 5 4	9 - 2 7	5 - 3 2	5 + 1 6	2 + 8 10	7 - 6 1
8 - 4 4	7 + 4 11	6 + 8 14	15 - 6 9	13 - 8 5	3 + 4 7	1 + 4 5	8 + 2 10	10 - 9 1
5 + 6 11	9 + 8 17	5 + 5 10	13 - 6 7	7 - 2 5	8 + 5 13	5 + 3 8	13 - 5 8	15 - 8 7
2 + 5 7	1 + 7 8	6 - 3 3	12 - 7 5	10 - 6 4	10 - 5 5	4 + 8 12	6 + 1 7	1 + 9 10
11 - 8 3	9 - 3 6	14 - 8 6	8 - 5 3	3 + 3 6	14 - 9 5	5 + 2 7	8 + 7 15	16 - 9 7
4 + 6 10	7 + 7 14	14 - 5 9	3 + 5 8	4 + 3 7	14 - 7 7	4 + 7 11	11 - 6 5	8 + 3 11
12 - 9 3	7 + 8 15	2 + 2 4	7 + 1 8	5 + 9 14	5 - 2 3	9 - 1 8	6 - 4 2	12 - 6 6

73

18 - 9 9	2 + 2 4	6 + 8 14	7 + 9 16	16 - 7 9	8 - 6 2	3 + 5 8	12 - 8 4	3 + 3 6
15 - 8 7	8 - 3 5	7 + 3 10	5 + 6 11	7 + 7 14	7 - 6 1	5 - 3 2	7 + 8 15	12 - 4 8
12 - 7 5	4 + 9 13	8 - 4 4	3 + 2 5	14 - 6 8	2 + 3 5	2 + 4 6	5 - 4 1	6 + 5 11
5 + 9 14	10 - 5 5	16 - 8 8	17 - 8 9	9 + 2 11	9 - 7 2	2 + 8 10	3 + 6 9	6 + 6 12
6 - 3 3	8 + 3 11	11 - 3 8	5 + 1 6	11 - 5 6	15 - 7 8	1 + 4 5	6 + 2 8	8 + 5 13
12 - 5 7	7 + 5 12	13 - 8 5	9 + 7 16	5 + 7 12	7 + 4 11	1 + 5 6	17 - 9 8	11 - 4 7
5 + 8 13	7 - 4 3	5 - 2 3	5 + 4 9	2 + 7 9	6 - 4 2	7 - 2 5	3 + 4 7	11 - 8 3
9 - 1 8	10 - 6 4	7 - 5 2	2 + 5 7	4 + 7 11	13 - 7 6	13 - 6 7	11 - 2 9	3 - 2 1
10 - 2 8	4 + 3 7	14 - 5 9	5 + 3 8	13 - 9 4	6 + 4 10	6 + 7 13	7 + 2 9	4 + 2 6

74

7 - 2 5	5 + 1 6	10 - 1 9	8 - 7 1	3 + 1 4	16 - 7 9	9 - 1 8	2 + 8 10	9 - 5 4
10 - 4 6	9 - 3 6	3 + 8 11	8 + 9 17	8 - 6 2	15 - 7 8	2 + 7 9	3 - 2 1	11 - 2 9
5 + 8 13	5 - 3 2	3 + 2 5	7 + 7 14	5 + 2 7	9 - 4 5	6 - 3 3	8 + 8 16	15 - 8 7
8 + 5 13	6 + 3 9	15 - 9 6	16 - 8 8	13 - 8 5	3 + 3 6	6 + 5 11	5 + 6 11	16 - 9 7
4 + 3 7	12 - 8 4	4 + 8 12	2 + 6 8	8 + 7 15	5 - 4 1	8 + 3 11	3 + 7 10	11 - 6 5
17 - 9 8	3 + 4 7	4 - 3 1	11 - 4 7	6 + 6 12	11 - 7 4	2 + 9 11	10 - 5 5	7 - 3 4
14 - 7 7	4 + 6 10	13 - 5 8	6 + 2 8	7 + 5 12	4 + 4 8	10 - 3 7	12 - 9 3	6 + 9 15
7 + 3 10	14 - 5 9	6 - 4 2	4 + 5 9	8 - 4 4	1 + 4 5	4 + 7 11	14 - 6 8	11 - 3 8
6 + 8 14	18 - 9 9	1 + 7 8	5 + 7 12	7 + 8 15	7 + 4 11	12 - 4 8	6 + 4 10	2 + 5 7

75

2 + 7 9	4 + 3 7	13 - 7 6	12 - 6 6	17 - 8 9	4 + 8 12	7 + 9 16	11 - 8 3	9 - 5 4
6 - 4 2	15 - 8 7	5 + 6 11	2 + 9 11	11 - 5 6	4 + 5 9	9 + 5 14	10 - 6 4	4 + 1 5
4 + 4 8	10 - 3 7	3 + 5 8	9 + 1 10	1 + 2 3	1 + 5 6	3 + 7 10	13 - 8 5	7 + 7 14
6 + 7 13	6 - 3 3	16 - 9 7	9 - 2 7	6 - 5 1	3 - 2 1	3 + 2 5	2 + 1 3	6 + 3 9
2 + 2 4	5 + 5 10	8 - 4 4	7 + 4 11	16 - 8 8	11 - 6 5	7 + 6 13	11 - 7 4	6 + 6 12
7 + 3 10	6 - 2 4	17 - 9 8	8 + 7 15	3 + 6 9	12 - 3 9	12 - 5 7	10 - 1 9	10 - 2 8
8 - 5 3	5 + 9 14	3 + 3 6	13 - 4 9	14 - 5 9	9 + 2 11	1 + 7 8	11 - 3 8	1 + 3 4
8 - 7 1	18 - 9 9	9 - 8 1	1 + 6 7	5 + 8 13	15 - 7 8	5 + 2 7	4 - 2 2	15 - 9 6
12 - 4 8	14 - 8 6	5 + 4 9	12 - 9 3	1 + 8 9	3 + 4 7	9 - 0 9	2 + 8 10	9 + 6 15

76

7 - 6 1	17 - 8 9	12 - 4 8	5 + 9 14	15 - 7 8	8 - 4 4	2 + 3 5	4 + 7 11	2 + 9 11
2 + 4 6	5 + 2 7	3 + 3 6	10 - 3 7	3 - 2 1	5 + 6 11	9 - 8 1	2 + 7 9	4 + 6 10
4 - 3 1	5 - 3 2	13 - 4 9	7 - 2 5	9 - 1 8	14 - 7 7	9 - 3 6	5 - 4 1	8 + 3 11
7 - 5 2	17 - 9 8	15 - 8 7	11 - 3 8	16 - 9 7	7 + 5 12	14 - 8 6	5 + 1 6	1 + 8 9
6 + 3 9	2 + 5 7	10 - 8 2	18 - 9 9	7 - 4 3	3 + 5 8	9 - 7 2	9 - 6 3	5 + 8 13
9 + 2 11	8 + 7 15	14 - 5 9	6 - 5 1	1 + 6 7	4 + 5 9	7 + 3 10	2 + 8 10	4 + 2 6
1 + 7 8	14 - 6 8	6 - 3 3	11 - 8 3	1 + 2 3	5 + 5 10	6 + 4 10	12 - 7 5	16 - 8 8
7 + 9 16	3 + 7 10	4 + 9 13	7 + 6 13	6 + 2 8	2 + 2 4	5 + 4 9	11 - 7 4	4 + 4 8
6 + 7 13	9 - 0 9	8 + 4 12	5 + 3 8	7 + 2 9	10 - 4 6	13 - 5 8	14 - 9 5	10 - 5 5

77

18 - 9 9	4 - 3 1	11 - 5 6	10 - 8 2	14 - 8 6	9 + 2 11	3 + 5 8	16 - 8 8	3 + 4 7
9 - 5 4	8 + 6 14	6 - 5 1	4 - 2 2	14 - 7 7	4 + 2 6	6 + 5 11	15 - 9 6	8 + 8 16
7 + 8 15	5 - 2 3	4 + 1 5	7 + 3 10	14 - 5 9	17 - 9 8	1 + 6 7	9 - 1 8	5 - 4 1
5 + 1 6	13 - 9 4	8 + 2 10	8 + 7 15	4 + 9 13	17 - 8 9	8 - 2 6	9 - 3 6	2 + 6 8
15 - 8 7	8 + 4 12	4 + 5 9	3 + 8 11	3 + 6 9	1 + 1 2	6 + 9 15	7 + 6 13	5 + 5 10
5 + 8 13	1 + 3 4	5 + 7 12	7 + 7 14	13 - 4 9	11 - 2 9	11 - 8 3	4 + 3 7	1 + 4 5
8 + 9 17	8 - 5 3	16 - 7 9	8 - 6 2	8 - 7 1	8 - 3 5	1 + 7 8	6 - 4 2	10 - 4 6
2 + 3 5	7 - 4 3	13 - 7 6	4 + 8 12	13 - 6 7	12 - 6 6	13 - 5 8	7 - 6 1	3 + 2 5
7 - 2 5	5 + 9 14	5 + 6 11	9 - 7 2	2 + 9 11	12 - 3 9	4 + 7 11	1 + 5 6	7 + 4 11

78

10 - 2 = 8	11 - 4 = 7	10 - 6 = 4	13 - 6 = 7	15 - 8 = 7	11 - 3 = 8	5 + 5 = 10	7 - 2 = 5	14 - 5 = 9
2 + 3 = 5	15 - 6 = 9	6 - 4 = 2	5 + 7 = 12	8 + 4 = 12	11 - 9 = 2	15 - 7 = 8	8 + 2 = 10	10 - 3 = 7
5 + 9 = 14	8 + 1 = 9	2 + 4 = 6	14 - 6 = 8	5 + 3 = 8	16 - 8 = 8	8 + 6 = 14	5 + 6 = 11	6 + 3 = 9
4 - 2 = 2	13 - 7 = 6	6 + 2 = 8	5 + 2 = 7	8 + 8 = 16	6 - 5 = 1	9 + 7 = 16	9 + 3 = 12	1 + 1 = 2
12 - 6 = 6	7 + 8 = 15	17 - 9 = 8	7 + 4 = 11	3 + 6 = 9	9 + 6 = 15	2 + 7 = 9	8 - 6 = 2	6 + 4 = 10
2 + 1 = 3	7 - 4 = 3	16 - 7 = 9	4 - 3 = 1	4 + 1 = 5	4 + 7 = 11	8 - 2 = 6	5 - 2 = 3	14 - 9 = 5
15 - 9 = 6	6 - 3 = 3	3 + 2 = 5	5 - 4 = 1	7 + 2 = 9	18 - 9 = 9	9 - 8 = 1	4 + 9 = 13	6 + 9 = 15
9 + 4 = 13	5 + 1 = 6	5 + 8 = 13	16 - 9 = 7	3 + 1 = 4	10 - 7 = 3	7 - 3 = 4	4 + 8 = 12	2 + 2 = 4
12 - 4 = 8	4 + 6 = 10	17 - 8 = 9	4 + 4 = 8	7 - 5 = 2	14 - 8 = 6	13 - 5 = 8	6 + 6 = 12	8 + 5 = 13

79

15 - 8 = 7	18 - 9 = 9	2 + 4 = 6	14 - 8 = 6	5 - 4 = 1	12 - 7 = 5	12 - 4 = 8	10 - 6 = 4	8 + 8 = 16
7 - 2 = 5	3 + 2 = 5	2 + 6 = 8	5 - 3 = 2	7 + 3 = 10	7 + 2 = 9	7 - 6 = 1	2 + 9 = 11	7 + 4 = 11
12 - 8 = 4	8 - 3 = 5	8 + 4 = 12	15 - 6 = 9	9 - 7 = 2	8 + 9 = 17	5 + 5 = 10	11 - 3 = 8	7 + 8 = 15
7 - 4 = 3	4 + 8 = 12	4 + 9 = 13	6 + 6 = 12	8 + 5 = 13	2 + 8 = 10	9 - 0 = 9	6 + 8 = 14	6 - 5 = 1
14 - 5 = 9	4 + 6 = 10	4 + 3 = 7	5 + 4 = 9	9 + 7 = 16	8 - 7 = 1	1 + 3 = 4	5 + 9 = 14	2 + 2 = 4
8 - 6 = 2	5 + 2 = 7	2 + 5 = 7	2 + 7 = 9	13 - 8 = 5	11 - 4 = 7	8 - 4 = 4	6 + 2 = 8	10 - 5 = 5
3 - 2 = 1	4 + 7 = 11	14 - 9 = 5	16 - 8 = 8	9 - 4 = 5	11 - 2 = 9	9 + 3 = 12	8 - 5 = 3	9 + 6 = 15
6 + 4 = 10	8 + 6 = 14	9 - 5 = 4	8 + 3 = 11	5 + 6 = 11	6 - 3 = 3	6 + 7 = 13	9 + 8 = 17	11 - 6 = 5
11 - 8 = 3	4 - 3 = 1	2 + 3 = 5	14 - 6 = 8	14 - 7 = 7	5 - 2 = 3	8 + 2 = 10	7 - 3 = 4	1 + 7 = 8

80

6 + 4 = 10	1 + 3 = 4	17 - 8 = 9	4 + 8 = 12	2 + 5 = 7	2 + 3 = 5	16 - 8 = 8	5 + 7 = 12	18 - 9 = 9
8 - 6 = 2	4 - 2 = 2	2 + 2 = 4	6 + 5 = 11	4 + 4 = 8	9 - 3 = 6	6 - 3 = 3	6 + 1 = 7	6 + 2 = 8
5 + 5 = 10	12 - 5 = 7	8 - 5 = 3	12 - 8 = 4	6 + 7 = 13	8 + 7 = 15	10 - 7 = 3	15 - 9 = 6	10 - 4 = 6
2 + 7 = 9	9 - 0 = 9	8 - 3 = 5	9 + 8 = 17	8 + 9 = 17	7 + 3 = 10	14 - 6 = 8	7 - 4 = 3	1 + 8 = 9
13 - 7 = 6	7 - 2 = 5	1 + 4 = 5	2 + 4 = 6	8 + 5 = 13	13 - 4 = 9	4 + 3 = 7	1 + 7 = 8	9 + 4 = 13
6 - 2 = 4	15 - 7 = 8	11 - 8 = 3	16 - 7 = 9	6 + 9 = 15	3 + 6 = 9	14 - 8 = 6	8 + 2 = 10	4 + 6 = 10
9 + 2 = 11	13 - 5 = 8	5 + 6 = 11	14 - 7 = 7	6 - 5 = 1	7 + 4 = 11	9 + 6 = 15	9 + 7 = 16	12 - 4 = 8
16 - 9 = 7	8 - 4 = 4	7 + 8 = 15	10 - 8 = 2	12 - 7 = 5	8 + 8 = 16	10 - 2 = 8	5 + 8 = 13	9 + 5 = 14
3 - 2 = 1	3 + 2 = 5	8 - 7 = 1	5 + 4 = 9	7 - 3 = 4	15 - 8 = 7	17 - 9 = 8	1 + 1 = 2	5 - 2 = 3

81

2 + 6 = 8	6 + 5 = 11	6 - 4 = 2	1 + 8 = 9	5 - 4 = 1	6 + 8 = 14	4 - 2 = 2	13 - 4 = 9	7 + 4 = 11
9 + 6 = 15	6 - 3 = 3	8 - 7 = 1	3 - 2 = 1	5 - 2 = 3	7 + 9 = 16	9 + 2 = 11	8 + 7 = 15	2 + 3 = 5
12 - 7 = 5	11 - 4 = 7	4 + 7 = 11	12 - 8 = 4	2 + 2 = 4	7 - 2 = 5	4 + 2 = 6	6 + 2 = 8	8 - 4 = 4
5 + 3 = 8	6 + 6 = 12	8 - 5 = 3	13 - 8 = 5	16 - 7 = 9	12 - 4 = 8	7 + 5 = 12	6 + 7 = 13	7 + 6 = 13
3 + 6 = 9	5 + 6 = 11	4 + 6 = 10	7 + 3 = 10	8 + 4 = 12	15 - 8 = 7	5 + 4 = 9	9 - 8 = 1	7 + 8 = 15
13 - 9 = 4	2 + 5 = 7	4 + 5 = 9	8 + 5 = 13	9 + 3 = 12	4 + 3 = 7	13 - 5 = 8	10 - 9 = 1	17 - 8 = 9
15 - 9 = 6	5 + 5 = 10	10 - 2 = 8	6 - 5 = 1	13 - 6 = 7	7 + 7 = 14	7 - 4 = 3	9 + 4 = 13	3 + 4 = 7
10 - 7 = 3	14 - 8 = 6	8 + 6 = 14	7 - 6 = 1	14 - 7 = 7	5 + 2 = 7	13 - 7 = 6	16 - 9 = 7	14 - 6 = 8
3 + 8 = 11	5 - 3 = 2	1 + 2 = 3	3 + 3 = 6	14 - 9 = 5	9 - 5 = 4	3 + 1 = 4	8 - 2 = 6	6 - 2 = 4

82

3 + 6 = 9	11 - 4 = 7	3 + 5 = 8	10 - 3 = 7	15 - 9 = 6	9 + 4 = 13	5 + 8 = 13	17 - 8 = 9	9 - 1 = 8
6 + 9 = 15	2 + 8 = 10	14 - 7 = 7	16 - 7 = 9	7 - 6 = 1	6 + 4 = 10	8 + 6 = 14	5 + 9 = 14	10 - 5 = 5
13 - 7 = 6	8 - 4 = 4	11 - 3 = 8	2 + 2 = 4	8 + 8 = 16	8 + 2 = 10	3 + 2 = 5	12 - 5 = 7	17 - 9 = 8
6 - 3 = 3	4 + 2 = 6	13 - 6 = 7	10 - 9 = 1	12 - 7 = 5	3 + 4 = 7	4 + 8 = 12	16 - 8 = 8	7 + 7 = 14
1 + 5 = 6	9 - 8 = 1	8 - 3 = 5	6 + 8 = 14	6 - 5 = 1	3 - 2 = 1	15 - 7 = 8	4 - 3 = 1	8 + 7 = 15
7 + 3 = 10	18 - 9 = 9	2 + 7 = 9	13 - 9 = 4	2 + 1 = 3	4 + 4 = 8	11 - 5 = 6	5 + 3 = 8	6 + 7 = 13
2 + 4 = 6	5 + 5 = 10	6 + 2 = 8	5 + 2 = 7	2 + 3 = 5	7 - 3 = 4	1 + 2 = 3	4 + 1 = 5	9 - 3 = 6
9 + 5 = 14	5 + 4 = 9	5 - 2 = 3	8 - 5 = 3	11 - 6 = 5	3 + 7 = 10	4 - 2 = 2	11 - 7 = 4	2 + 9 = 11
7 - 5 = 2	8 + 1 = 9	11 - 9 = 2	7 - 2 = 5	4 + 3 = 7	6 - 4 = 2	3 + 3 = 6	10 - 7 = 3	9 + 7 = 16

83

14 - 6 = 8	9 - 5 = 4	14 - 8 = 6	15 - 9 = 6	1 + 8 = 9	6 + 9 = 15	4 - 3 = 1	15 - 7 = 8	13 - 8 = 5
17 - 8 = 9	7 + 2 = 9	6 + 5 = 11	6 + 2 = 8	10 - 7 = 3	15 - 8 = 7	18 - 9 = 9	5 - 3 = 2	11 - 3 = 8
13 - 6 = 7	16 - 9 = 7	3 + 8 = 11	14 - 7 = 7	4 + 6 = 10	9 - 4 = 5	10 - 5 = 5	5 + 8 = 13	9 + 6 = 15
8 + 8 = 16	4 + 2 = 6	6 + 3 = 9	7 - 6 = 1	1 + 2 = 3	2 + 5 = 7	5 + 1 = 6	15 - 6 = 9	8 - 6 = 2
8 + 5 = 13	4 - 2 = 2	9 + 9 = 18	6 + 4 = 10	11 - 4 = 7	9 - 6 = 3	8 - 2 = 6	3 + 3 = 6	5 - 4 = 1
3 + 1 = 4	7 - 3 = 4	8 + 4 = 12	4 + 1 = 5	7 + 6 = 13	2 + 8 = 10	2 + 4 = 6	6 - 3 = 3	11 - 7 = 4
3 + 2 = 5	4 + 3 = 7	7 + 1 = 8	6 + 8 = 14	11 - 6 = 5	10 - 3 = 7	13 - 7 = 6	6 - 4 = 2	3 + 7 = 10
9 - 3 = 6	6 + 1 = 7	8 + 3 = 11	16 - 8 = 8	11 - 8 = 3	2 + 2 = 4	12 - 9 = 3	8 - 7 = 1	2 + 3 = 5
12 - 6 = 6	4 + 7 = 11	2 + 7 = 9	2 + 6 = 8	3 + 5 = 8	9 + 4 = 13	7 + 5 = 12	4 + 8 = 12	7 - 4 = 3

84

8 + 6 = 14	16 - 8 = 8	8 + 2 = 10	17 - 9 = 8	5 + 5 = 10	5 + 2 = 7	3 + 3 = 6	11 - 9 = 2	8 + 4 = 12
11 - 5 = 6	5 - 2 = 3	8 + 9 = 17	7 + 2 = 9	11 - 3 = 8	2 + 5 = 7	5 + 7 = 12	13 - 6 = 7	2 + 2 = 4
9 + 4 = 13	15 - 7 = 8	3 + 1 = 4	2 + 6 = 8	1 + 5 = 6	13 - 7 = 6	4 - 3 = 1	9 - 2 = 7	2 + 3 = 5
7 + 6 = 13	5 + 6 = 11	4 + 3 = 7	11 - 2 = 9	17 - 8 = 9	4 - 2 = 2	7 + 8 = 15	2 + 7 = 9	4 + 7 = 11
3 - 2 = 1	8 + 7 = 15	6 + 2 = 8	12 - 5 = 7	5 + 4 = 9	8 + 3 = 11	4 + 4 = 8	18 - 9 = 9	6 - 5 = 1
4 + 6 = 10	9 - 4 = 5	6 - 4 = 2	2 + 4 = 6	9 + 8 = 17	11 - 7 = 4	15 - 8 = 7	8 - 3 = 5	9 + 3 = 12
6 + 4 = 10	7 + 3 = 10	5 - 4 = 1	7 - 5 = 2	14 - 6 = 8	10 - 6 = 4	8 + 8 = 16	9 - 5 = 4	15 - 9 = 6
7 - 3 = 4	10 - 1 = 9	2 + 1 = 3	3 + 6 = 9	6 - 3 = 3	5 + 3 = 8	8 - 4 = 4	10 - 8 = 2	10 - 7 = 3
6 + 7 = 13	4 + 9 = 13	6 + 9 = 15	8 - 2 = 6	13 - 4 = 9	4 + 2 = 6	8 - 7 = 1	10 - 4 = 6	9 - 8 = 1

85

2 + 8 = 10	7 - 6 = 1	14 - 7 = 7	13 - 6 = 7	7 + 1 = 8	14 - 5 = 9	8 + 6 = 14	12 - 9 = 3	9 + 8 = 17
16 - 7 = 9	8 + 2 = 10	3 - 2 = 1	4 - 2 = 2	8 - 4 = 4	3 + 2 = 5	2 + 2 = 4	8 + 7 = 15	4 + 5 = 9
13 - 8 = 5	10 - 2 = 8	4 + 8 = 12	2 + 6 = 8	7 + 7 = 14	18 - 9 = 9	3 + 4 = 7	15 - 8 = 7	4 + 6 = 10
5 + 8 = 13	9 - 4 = 5	7 + 2 = 9	2 + 7 = 9	4 + 7 = 11	14 - 8 = 6	11 - 7 = 4	8 - 5 = 3	7 + 4 = 11
4 - 3 = 1	11 - 3 = 8	1 + 7 = 8	8 + 3 = 11	16 - 9 = 7	16 - 8 = 8	5 + 2 = 7	9 + 2 = 11	7 - 2 = 5
9 - 8 = 1	3 + 5 = 8	10 - 6 = 4	11 - 8 = 3	6 + 2 = 8	6 + 1 = 7	10 - 9 = 1	6 - 4 = 2	9 - 1 = 8
3 + 1 = 4	6 + 4 = 10	4 + 2 = 6	9 - 6 = 3	15 - 6 = 9	12 - 6 = 6	9 + 1 = 10	11 - 6 = 5	15 - 9 = 6
8 - 3 = 5	11 - 5 = 6	2 + 9 = 11	8 + 4 = 12	10 - 8 = 2	12 - 8 = 4	8 + 5 = 13	7 + 5 = 12	6 + 3 = 9
5 + 9 = 14	2 + 4 = 6	1 + 5 = 6	8 + 9 = 17	6 - 2 = 4	14 - 6 = 8	4 + 3 = 7	11 - 9 = 2	3 + 7 = 10

86

6 - 4 2	3 + 7 10	6 - 5 1	16 - 7 9	6 + 5 11	4 + 2 6	7 + 6 13	4 + 8 12	3 + 2 5
5 - 3 2	14 - 8 6	2 + 9 11	8 + 6 14	11 - 4 7	16 - 9 7	7 - 4 3	13 - 4 9	7 - 6 1
5 + 8 13	6 + 8 14	2 + 1 3	10 - 2 8	8 - 5 3	14 - 6 8	9 - 3 6	2 + 5 7	18 - 9 9
6 + 3 9	8 + 3 11	7 + 8 15	12 - 4 8	6 + 2 8	7 + 1 8	3 - 2 1	3 + 5 8	10 - 6 4
9 - 1 8	5 - 4 1	7 - 3 4	8 - 4 4	3 + 8 11	5 - 2 3	13 - 8 5	12 - 6 6	7 + 5 12
4 + 5 9	4 + 7 11	7 + 3 10	15 - 7 8	6 + 6 12	5 + 5 10	2 + 4 6	5 + 2 7	4 + 3 7
3 + 6 9	5 + 6 11	6 - 3 3	8 + 8 16	8 + 2 10	5 + 3 8	14 - 5 9	4 + 6 10	7 + 2 9
4 + 9 13	11 - 5 6	17 - 9 8	10 - 4 6	1 + 4 5	13 - 7 6	8 - 3 5	8 + 1 9	2 + 6 8
6 + 9 15	12 - 8 4	12 - 7 5	9 - 6 3	5 + 7 12	7 - 2 5	15 - 8 7	13 - 5 8	12 - 5 7

87

14 - 8 6	1 + 6 7	1 + 5 6	9 - 3 6	18 - 9 9	2 + 5 7	6 + 7 13	8 - 5 3	3 + 7 10
8 + 2 10	15 - 8 7	5 + 2 7	8 + 4 12	8 - 3 5	6 + 6 12	13 - 5 8	7 - 6 1	3 + 6 9
8 + 7 15	7 + 5 12	11 - 3 8	11 - 4 7	3 + 9 12	6 + 3 9	9 - 2 7	2 + 7 9	8 + 8 16
9 - 5 4	2 + 1 3	6 + 2 8	10 - 6 4	17 - 8 9	6 + 5 11	12 - 3 9	3 - 2 1	10 - 2 8
9 - 1 8	3 + 3 6	15 - 9 6	12 - 7 5	10 - 5 5	9 + 8 17	6 + 8 14	1 + 2 3	14 - 7 7
6 - 4 2	9 + 3 12	16 - 9 7	9 - 8 1	11 - 9 2	5 + 6 11	16 - 7 9	13 - 6 7	7 + 6 13
2 + 9 11	1 + 8 9	15 - 7 8	5 - 4 1	11 - 7 4	13 - 8 5	17 - 9 8	9 + 7 16	4 - 3 1
2 + 2 4	5 + 8 13	6 + 4 10	3 + 2 5	16 - 8 8	7 + 2 9	5 + 1 6	4 + 1 5	3 + 8 11
5 - 3 2	10 - 7 3	1 + 4 5	4 - 2 2	2 + 6 8	2 + 3 5	7 + 7 14	14 - 5 9	7 - 4 3

88

3 + 1 4	6 + 8 14	13 - 8 5	4 - 3 1	3 + 2 5	7 + 2 9	16 - 8 8	4 + 6 10	7 + 7 14
9 - 5 4	16 - 7 9	11 - 9 2	2 + 8 10	4 + 3 7	8 - 6 2	8 + 2 10	6 - 4 2	6 - 3 3
3 - 2 1	6 + 4 10	13 - 5 8	11 - 4 7	12 - 6 6	14 - 6 8	5 - 3 2	4 + 4 8	18 - 9 9
8 + 8 16	8 - 4 4	7 + 3 10	6 + 7 13	5 + 9 14	17 - 8 9	7 + 6 13	3 + 8 11	8 + 4 12
12 - 3 9	6 + 9 15	5 + 8 13	6 - 5 1	7 + 8 15	12 - 5 7	15 - 8 7	9 + 3 12	1 + 9 10
8 - 7 1	5 + 7 12	8 + 6 14	13 - 7 6	2 + 7 9	7 + 5 12	12 - 7 5	4 + 1 5	10 - 2 8
17 - 9 8	2 + 9 11	3 + 3 6	7 - 6 1	10 - 7 3	7 + 4 11	8 + 1 9	2 + 5 7	5 + 2 7
9 - 6 3	3 + 7 10	9 - 2 7	16 - 9 7	5 - 4 1	8 + 9 17	11 - 3 8	4 + 8 12	5 + 5 10
12 - 8 4	6 + 2 8	10 - 4 6	8 - 2 6	9 - 4 5	6 + 5 11	8 + 7 15	13 - 9 4	4 - 2 2

89

9 + 6 15	7 - 5 2	16 - 9 7	6 + 2 8	15 - 7 8	12 - 5 7	17 - 8 9	1 + 8 9	8 + 6 14
6 - 4 2	8 + 8 16	9 - 8 1	6 + 6 12	1 + 5 6	8 + 4 12	11 - 3 8	4 - 3 1	4 + 2 6
1 + 2 3	9 - 0 9	12 - 6 6	5 + 3 8	18 - 9 9	15 - 6 9	14 - 9 5	15 - 8 7	7 - 3 4
4 + 5 9	3 + 4 7	11 - 6 5	6 + 3 9	9 + 3 12	10 - 5 5	7 + 2 9	8 + 1 9	5 - 2 3
7 + 8 15	3 + 2 5	5 + 4 9	6 + 5 11	3 + 5 8	9 + 2 11	5 + 6 11	15 - 9 6	3 + 6 9
16 - 8 8	3 - 2 1	7 + 4 11	13 - 6 7	9 + 4 13	8 - 6 2	17 - 9 8	9 + 8 17	10 - 6 4
6 + 8 14	16 - 7 9	5 + 5 10	12 - 3 9	5 + 1 6	4 + 6 10	3 + 9 12	10 - 4 6	6 - 3 3
8 + 2 10	1 + 4 5	13 - 5 8	6 - 5 1	5 + 8 13	8 - 4 4	12 - 4 8	7 + 6 13	7 + 7 14
4 - 2 2	11 - 5 6	4 + 7 11	8 - 5 3	5 - 3 2	3 + 8 11	2 + 5 7	13 - 8 5	13 - 9 4

90

5 + 5 10	4 - 3 1	8 + 7 15	4 + 4 8	8 + 8 16	16 - 8 8	3 + 2 5	5 - 4 1	4 + 2 6
6 + 2 8	6 - 2 4	8 + 6 14	8 - 5 3	2 + 8 10	18 - 9 9	4 - 2 2	10 - 2 8	10 - 4 6
6 + 7 13	6 + 6 12	15 - 9 6	7 - 6 1	13 - 4 9	2 + 9 11	17 - 9 8	5 + 1 6	6 - 4 2
3 + 8 11	1 + 1 2	3 + 6 9	2 + 5 7	5 + 8 13	15 - 7 8	6 + 1 7	4 + 8 12	8 - 7 1
13 - 9 4	8 + 9 17	8 + 4 12	8 + 2 10	16 - 9 7	13 - 7 6	6 + 5 11	9 - 6 3	1 + 3 4
5 + 3 8	5 - 3 2	5 - 2 3	12 - 6 6	6 + 4 10	3 - 2 1	2 + 4 6	15 - 8 7	14 - 6 8
1 + 4 5	9 - 3 6	11 - 6 5	13 - 6 7	14 - 9 5	12 - 7 5	2 + 3 5	10 - 8 2	6 - 3 3
9 + 7 16	9 - 8 1	1 + 2 3	8 - 4 4	9 + 5 14	1 + 6 7	4 + 5 9	7 + 8 15	7 + 6 13
4 + 9 13	8 + 1 9	9 + 3 12	14 - 8 6	3 + 1 4	8 - 6 2	13 - 5 8	9 - 4 5	8 - 3 5

91

5 + 4 9	6 + 4 10	7 + 8 15	5 - 2 3	15 - 8 7	12 - 4 8	14 - 8 6	11 - 3 8	6 - 5 1
15 - 7 8	4 + 6 10	6 - 4 2	17 - 8 9	16 - 8 8	5 - 3 2	1 + 7 8	2 + 5 7	8 + 1 9
1 + 2 3	2 + 3 5	13 - 5 8	3 - 2 1	6 - 2 4	9 + 6 15	4 + 9 13	6 + 7 13	7 + 2 9
8 + 2 10	7 + 3 10	6 + 5 11	13 - 8 5	2 + 6 8	7 + 7 14	9 + 5 14	11 - 6 5	15 - 6 9
14 - 7 7	5 - 4 1	12 - 8 4	9 - 3 6	16 - 9 7	2 + 7 9	4 + 3 7	5 + 5 10	3 + 2 5
9 + 7 16	18 - 9 9	12 - 5 7	3 + 9 12	16 - 7 9	12 - 6 6	6 + 6 12	11 - 7 4	8 + 7 15
1 + 6 7	3 + 3 6	5 + 1 6	8 + 6 14	14 - 9 5	2 + 9 11	17 - 9 8	8 + 4 12	9 + 3 12
4 - 3 1	15 - 9 6	13 - 7 6	1 + 1 2	6 - 3 3	8 + 5 13	13 - 6 7	7 - 4 3	6 + 2 8
4 + 7 11	10 - 2 8	7 + 4 11	11 - 8 3	7 + 1 8	8 - 6 2	3 + 1 4	9 - 8 1	11 - 9 2

92

8 - 5 3	12 - 4 8	6 + 2 8	4 + 7 11	7 - 5 2	9 - 5 4	3 + 4 7	17 - 9 8	6 + 6 12
1 + 4 5	7 + 4 11	6 - 5 1	16 - 8 8	3 + 8 11	8 - 7 1	3 + 3 6	2 + 1 3	12 - 5 7
5 - 2 3	15 - 8 7	5 + 7 12	13 - 6 7	1 + 6 7	1 + 3 4	3 + 2 5	14 - 7 7	14 - 8 6
4 - 3 1	9 - 7 2	8 + 3 11	10 - 5 5	7 - 4 3	11 - 3 8	17 - 8 9	7 + 8 15	5 + 1 6
18 - 9 9	16 - 7 9	5 + 8 13	15 - 9 6	15 - 7 8	7 + 2 9	8 + 8 16	3 + 6 9	2 + 4 6
7 + 5 12	5 - 3 2	3 + 5 8	8 + 7 15	13 - 4 9	7 + 6 13	7 - 2 5	3 - 2 1	4 + 9 13
11 - 2 9	5 + 4 9	12 - 8 4	4 + 3 7	1 + 8 9	6 + 7 13	2 + 8 10	12 - 6 6	4 + 4 8
16 - 9 7	11 - 7 4	2 + 2 4	10 - 3 7	5 - 4 1	9 + 7 16	9 - 4 5	4 + 8 12	8 + 4 12
7 - 3 4	11 - 8 3	13 - 8 5	8 - 3 5	5 + 2 7	6 + 3 9	5 + 3 8	4 + 5 9	1 + 5 6

93

3 - 2 1	4 + 7 11	10 - 2 8	3 + 5 8	7 + 5 12	7 - 5 2	10 - 4 6	3 + 4 7	2 + 4 6
4 + 5 9	15 - 6 9	8 - 3 5	13 - 9 4	5 + 8 13	10 - 7 3	7 + 8 15	16 - 7 9	10 - 9 1
15 - 7 8	8 + 5 13	8 + 6 14	7 + 3 10	13 - 5 8	8 + 4 12	15 - 8 7	5 + 5 10	15 - 9 6
5 - 4 1	6 + 4 10	14 - 5 9	3 + 2 5	6 + 1 7	6 + 3 9	6 - 4 2	5 + 6 11	2 + 5 7
8 - 7 1	17 - 9 8	8 + 9 17	4 - 3 1	6 - 5 1	8 + 3 11	4 + 8 12	2 + 1 3	3 + 6 9
11 - 4 7	6 + 8 14	9 + 6 15	10 - 1 9	11 - 3 8	7 + 9 16	4 - 2 2	4 + 4 8	3 + 7 10
17 - 8 9	14 - 6 8	9 + 3 12	4 + 3 7	6 + 6 12	12 - 4 8	7 + 1 8	2 + 6 8	5 - 3 2
12 - 3 9	9 - 7 2	1 + 6 7	18 - 9 9	3 + 8 11	12 - 6 6	9 + 8 17	8 - 2 6	5 + 4 9
9 - 6 3	2 + 8 10	14 - 7 7	9 + 5 14	12 - 7 5	7 - 3 4	10 - 3 7	1 + 4 5	8 - 6 2

94

11 - 3 8	8 - 2 6	17 - 8 9	18 - 9 9	7 - 5 2	11 - 8 3	9 + 7 16	12 - 8 4	1 + 4 5
6 + 8 14	3 + 4 7	8 - 3 5	13 - 7 6	4 - 3 1	8 + 9 17	5 + 2 7	14 - 7 7	12 - 7 5
1 + 6 7	3 + 2 5	4 + 2 6	16 - 8 8	6 - 3 3	4 + 1 5	7 + 3 10	17 - 9 8	15 - 8 7
13 - 4 9	1 + 5 6	2 + 7 9	3 + 8 11	6 - 4 2	10 - 8 2	7 - 3 4	5 + 8 13	13 - 5 8
6 - 5 1	4 + 7 11	5 + 3 8	7 + 2 9	4 + 3 7	7 + 4 11	7 - 6 1	12 - 5 7	2 + 3 5
8 + 4 12	9 - 4 5	8 + 6 14	9 - 3 6	10 - 3 7	5 + 4 9	16 - 9 7	7 + 7 14	9 - 1 8
14 - 6 8	5 + 7 12	9 - 5 4	3 + 9 12	8 - 7 1	10 - 5 5	7 + 5 12	4 + 6 10	12 - 4 8
6 + 3 9	9 - 2 7	2 + 9 11	7 + 1 8	10 - 2 8	2 + 2 4	3 + 6 9	8 + 3 11	10 - 6 4
2 + 4 6	11 - 5 6	5 + 6 11	6 + 2 8	7 + 6 13	15 - 7 8	9 + 5 14	12 - 9 3	6 + 6 12

95

9 - 0 9	12 - 7 5	1 + 8 9	8 + 8 16	9 + 7 16	4 - 3 1	11 - 4 7	10 - 7 3	4 + 8 12
4 + 7 11	13 - 6 7	2 + 6 8	4 + 6 10	6 + 5 11	2 + 4 6	7 - 4 3	4 + 1 5	3 + 6 9
8 + 4 12	17 - 8 9	14 - 9 5	2 + 5 7	4 + 4 8	5 + 4 9	12 - 6 6	10 - 2 8	15 - 7 8
15 - 6 9	3 + 4 7	10 - 6 4	7 + 3 10	8 + 7 15	3 - 2 1	6 + 6 12	7 - 3 4	13 - 8 5
13 - 4 9	8 - 4 4	18 - 9 9	16 - 8 8	13 - 7 6	4 + 5 9	17 - 9 8	5 - 4 1	3 + 9 12
6 + 2 8	6 + 9 15	6 - 5 1	5 + 5 10	1 + 4 5	7 - 2 5	7 + 4 11	15 - 9 6	4 + 2 6
5 + 8 13	4 + 9 13	5 + 7 12	3 + 2 5	8 + 3 11	16 - 9 7	9 + 5 14	11 - 8 3	11 - 5 6
9 + 3 12	3 + 5 8	12 - 9 3	5 - 2 3	3 + 7 10	9 - 4 5	2 + 3 5	14 - 8 6	16 - 7 9
5 + 9 14	5 + 2 7	7 + 6 13	5 - 3 2	15 - 8 7	1 + 6 7	9 - 6 3	6 - 4 2	12 - 8 4

96

13 - 9 4	5 - 2 3	18 - 9 9	13 - 5 8	12 - 8 4	17 - 8 9	14 - 7 7	2 + 9 11	7 + 5 12
4 + 4 8	8 + 7 15	10 - 9 1	6 - 3 3	12 - 4 8	3 + 3 6	3 + 7 10	8 + 2 10	6 + 8 14
6 + 5 11	1 + 2 3	10 - 3 7	5 + 1 6	5 + 3 8	5 - 3 2	2 + 7 9	5 + 2 7	8 - 5 3
9 - 1 8	8 - 6 2	3 - 2 1	13 - 4 9	16 - 9 7	5 + 9 14	3 + 8 11	8 + 3 11	8 + 8 16
4 + 8 12	4 + 7 11	7 + 3 10	5 + 5 10	3 + 2 5	6 + 4 10	6 - 4 2	5 + 7 12	7 - 6 1
11 - 7 4	3 + 6 9	6 + 6 12	1 + 8 9	2 + 4 6	9 + 7 16	17 - 9 8	9 - 4 5	4 + 5 9
7 + 8 15	4 - 2 2	4 + 2 6	6 + 3 9	8 - 3 5	2 + 1 3	9 - 8 1	3 + 4 7	5 - 4 1
2 + 5 7	6 + 7 13	8 - 4 4	12 - 5 7	15 - 8 7	6 - 5 1	3 + 9 12	8 + 9 17	5 + 8 13
11 - 8 3	11 - 6 5	15 - 7 8	12 - 7 5	16 - 8 8	4 - 3 1	10 - 6 4	13 - 7 6	14 - 9 5

97

10 - 2 8	7 - 4 3	17 - 9 8	8 - 5 3	8 + 7 15	11 - 3 8	6 + 3 9	2 + 3 5	2 + 8 10
9 - 2 7	7 + 6 13	5 - 4 1	8 + 4 12	16 - 9 7	6 - 3 3	18 - 9 9	14 - 6 8	1 + 5 6
7 + 8 15	2 + 7 9	14 - 9 5	3 + 7 10	10 - 1 9	9 - 5 4	7 + 4 11	8 + 5 13	16 - 7 9
1 + 6 7	6 - 4 2	6 + 1 7	12 - 5 7	5 + 2 7	4 + 4 8	5 + 4 9	7 + 2 9	6 + 4 10
6 - 2 4	3 - 2 1	13 - 8 5	1 + 7 8	10 - 3 7	4 - 3 1	9 + 1 10	5 - 3 2	7 + 7 14
12 - 6 6	8 + 2 10	17 - 8 9	5 - 2 3	4 - 2 2	16 - 8 8	10 - 6 4	9 + 7 16	6 - 5 1
5 + 6 11	5 + 5 10	1 + 8 9	14 - 8 6	12 - 4 8	4 + 6 10	12 - 8 4	4 + 7 11	13 - 9 4
1 + 3 4	2 + 5 7	3 + 4 7	8 - 6 2	4 + 2 6	10 - 7 3	7 + 5 12	3 + 2 5	7 - 6 1
4 + 1 5	15 - 7 8	3 + 5 8	11 - 2 9	3 + 8 11	6 + 9 15	6 + 6 12	9 + 5 14	8 - 4 4

98

3 + 8 11	3 + 2 5	5 + 3 8	11 - 4 7	1 + 7 8	7 + 7 14	4 + 8 12	9 - 1 8	13 - 4 9
6 - 3 3	5 - 3 2	6 + 5 11	8 + 2 10	14 - 8 6	4 - 3 1	8 + 3 11	7 + 4 11	9 + 3 12
6 + 8 14	14 - 6 8	7 + 2 9	13 - 8 5	7 + 6 13	3 - 2 1	6 + 2 8	5 - 4 1	16 - 8 8
2 + 6 8	16 - 9 7	11 - 3 8	7 + 3 10	8 - 6 2	17 - 8 9	4 + 2 6	3 + 9 12	3 + 4 7
8 - 7 1	3 + 3 6	6 + 1 7	10 - 3 7	14 - 7 7	15 - 6 9	9 - 7 2	13 - 9 4	6 - 4 2
11 - 9 2	7 - 2 5	10 - 4 6	9 - 3 6	6 + 7 13	6 - 5 1	15 - 7 8	5 + 8 13	8 + 1 9
4 - 2 2	12 - 8 4	5 + 6 11	9 + 2 11	2 + 4 6	6 + 9 15	11 - 2 9	7 + 9 16	13 - 6 7
5 + 7 12	12 - 6 6	8 + 8 16	8 - 5 3	1 + 4 5	2 + 2 4	9 - 6 3	8 + 7 15	15 - 8 7
12 - 7 5	8 + 6 14	9 + 6 15	5 + 4 9	10 - 7 3	2 + 8 10	4 + 4 8	12 - 5 7	6 + 6 12

99

16 - 8 8	17 - 8 9	7 - 5 2	12 - 6 6	6 + 3 9	6 + 4 10	3 + 7 10	9 - 4 5	9 + 6 15
2 + 2 4	3 + 3 6	6 + 7 13	5 + 2 7	4 + 2 6	6 - 2 4	4 + 4 8	2 + 3 5	8 + 2 10
8 + 7 15	2 + 6 8	5 + 8 13	8 + 1 9	16 - 7 9	7 + 5 12	3 + 4 7	9 + 4 13	3 - 2 1
9 - 8 1	2 + 8 10	15 - 8 7	5 + 5 10	8 - 7 1	18 - 9 9	9 + 3 12	14 - 5 9	10 - 2 8
8 + 8 16	3 + 6 9	2 + 4 6	5 + 1 6	14 - 7 7	5 - 4 1	7 + 1 8	6 - 3 3	2 + 1 3
7 + 2 9	13 - 8 5	8 + 4 12	10 - 8 2	9 + 1 10	12 - 3 9	7 - 3 4	4 + 3 7	2 + 7 9
8 + 5 13	7 + 7 14	7 - 4 3	1 + 8 9	12 - 5 7	5 - 3 2	4 + 8 12	12 - 4 8	8 - 5 3
4 - 3 1	10 - 7 3	10 - 4 6	17 - 9 8	15 - 9 6	9 - 3 6	11 - 5 6	4 - 2 2	7 - 6 1
16 - 9 7	7 + 6 13	15 - 7 8	13 - 9 4	3 + 2 5	7 + 8 15	8 + 3 11	10 - 5 5	12 - 7 5

100

5 + 9 14	1 + 3 4	17 - 9 8	3 + 4 7	15 - 6 9	7 - 5 2	10 - 1 9	3 - 2 1	16 - 9 7
2 + 5 7	6 + 2 8	7 + 5 12	16 - 8 8	14 - 5 9	12 - 6 6	4 - 3 1	13 - 8 5	12 - 7 5
4 + 1 5	13 - 7 6	4 + 3 7	9 + 4 13	17 - 8 9	6 - 3 3	10 - 4 6	5 + 8 13	5 + 1 6
4 + 5 9	7 - 6 1	4 + 7 11	13 - 9 4	15 - 9 6	3 + 2 5	8 + 2 10	10 - 3 7	7 - 2 5
6 + 4 10	9 - 1 8	3 + 7 10	6 + 3 9	8 - 6 2	2 + 4 6	9 + 6 15	7 + 1 8	11 - 8 3
8 + 6 14	5 - 3 2	3 + 1 4	9 - 6 3	4 + 2 6	10 - 6 4	6 + 5 11	11 - 5 6	8 + 5 13
11 - 4 7	4 - 2 2	14 - 7 7	13 - 5 8	2 + 2 4	7 - 3 4	5 + 5 10	5 + 4 9	5 + 7 12
8 + 8 16	16 - 7 9	8 + 3 11	9 + 2 11	3 + 6 9	8 - 3 5	2 + 8 10	2 + 3 5	14 - 6 8
8 + 4 12	8 - 5 3	15 - 7 8	7 + 3 10	6 + 8 14	9 + 5 14	11 - 7 4	11 - 2 9	5 + 6 11

101

8 - 6 2	3 - 2 1	15 - 7 8	4 + 1 5	6 + 8 14	12 - 6 6	9 - 3 6	4 + 2 6	6 - 5 1
4 + 5 9	18 - 9 9	14 - 8 6	11 - 3 8	12 - 8 4	8 + 5 13	7 + 6 13	11 - 2 9	5 + 2 7
9 - 2 7	3 + 1 4	7 + 5 12	7 - 5 2	15 - 8 7	6 + 2 8	8 + 1 9	7 + 8 15	11 - 5 6
2 + 7 9	8 - 5 3	5 - 3 2	16 - 8 8	7 - 4 3	17 - 9 8	7 - 3 4	2 + 2 4	7 + 2 9
11 - 4 7	8 + 6 14	3 + 2 5	9 - 5 4	6 + 7 13	13 - 8 5	16 - 9 7	12 - 4 8	8 - 2 6
6 + 3 9	9 + 4 13	1 + 2 3	1 + 3 4	10 - 1 9	3 + 8 11	9 + 3 12	4 + 3 7	14 - 5 9
1 + 5 6	14 - 7 7	1 + 6 7	6 - 4 2	11 - 8 3	4 + 7 11	7 + 1 8	5 + 9 14	8 + 4 12
14 - 6 8	6 - 2 4	10 - 6 4	3 + 5 8	7 + 7 14	8 - 3 5	6 + 6 12	15 - 6 9	11 - 6 5
3 + 3 6	9 + 8 17	2 + 6 8	3 + 9 12	13 - 5 8	9 + 6 15	5 - 4 1	2 + 3 5	4 + 4 8

102

Made in the USA
Las Vegas, NV
23 March 2024